イノベーションを起こすために

問題解決のセンスをみがく本

Problem solving

JoyBiz コンサルティング株式会社
代表取締役社長
恩田 勲
ISAO ONDA

SOGO HOREI PUBLISHING CO., LTD

まえがき

コンサルタントとして企業をはじめ様々な組織の現場にお伺いしていると、誰もが効果的な問題解決を期待し、「問題解決のための道具」もいろいろ勉強されています。まさに経営活動は問題解決の星座群と言えます。ところが、その割には「状況に合った形で効果的な問題解決を行うことがなかなかできない」、あるいは「問題解決の技術をうまく使えない」という声をよく耳にします。

しかし、それはあながち不思議なことではありません。なぜなら、一言で「問題解決」と括っても、常に規則性のある状態の中で不具合が発生するケースばかりではないからです。外的な要因から〝**偶発的に生じる問題**〟もありますし、経営活動の中で改善を目指して〝**自ら設定する問題**〟もあれば、経営環境の変化に応じて自社の大きな飛躍を狙って、〝**あえて創り出す問題**〟もあります。また、解決策も「なぜ、なぜ」と問題の原因を究明していけば〝**自動的に浮き彫りになる施策**〟もあれば、想像的に取り組んでいかなければならない〝**仮説的な施策**〟もあります。

ですから、どういった状況にどういった問題の定義をすれば間違いのない解決につながるのか、そして、どういった問題にどういった技術を使えば適切に役立つのかを判断するだけでも至難の業です。まさに〝**問題解決のセンス**〟が問われるところと言えます。

品質管理、組織開発、戦略策定など、使う言葉は違っても、問題解決の「論理的ステップ」はほとんど同じです。それは、概して以下のようなステップです。

①何が問題なのか？……問題を特定する
②なぜそうなっているのか？……原因を探る
③どうすればいいか？……目標を定め解決策を案出する
④どの解決策がいいのか？……解決策を決定する
⑤どのように実行するか……実行計画を策定する
⑥後はやるだけ……実行する

このように、論理的なプロセスとしてはいたってシンプルな思考の流れと言えます（図表1）。

それにしても、組織において、その階層や部門の違いを超えて、これだけ「問題解決」に関する必要性が求められ、また様々な技法が発案され、紹介されているにもかかわらず、どうして問題解決は思うように実践されず、そして望ましい結果につながっていかないのでしょうか。

私は組織行動のエンジニアとして、日々そういった疑問を念頭に、理論研究ではなく、様々な現場の第一線において企業や組織の実践を続けていく中で、一見当たり前であるが故に、見落としされがちな着眼点があることを見出してきました。

それは、問題解決の論理的なプロセスという技術面ではなく、それ以外のところに潜んでいました。

■ 図表1　問題解決の一般的プロセス

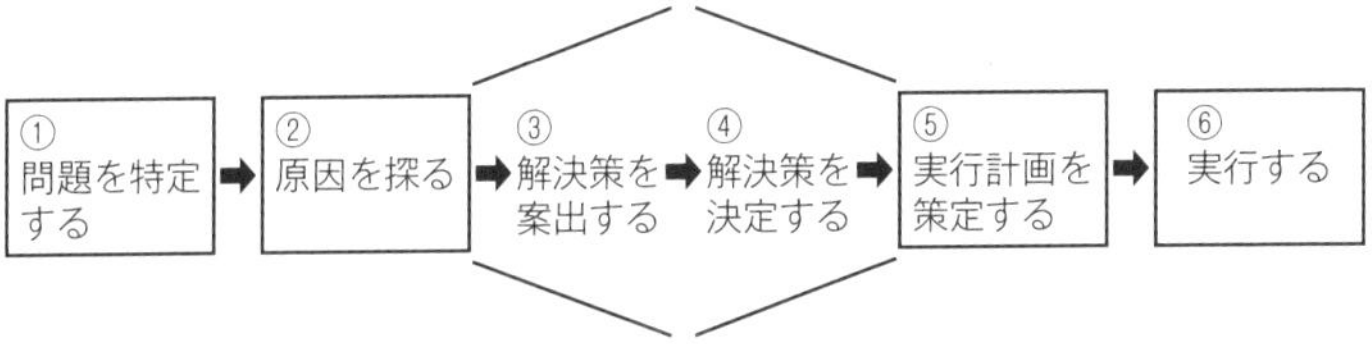

それらは、大きく3つの盲点として集約することができます。

第1の盲点は、**「状況に適合した問題解決技法の使い分けができていない」**というものです。現場ではこれが意外と軽視されています。

前述のとおり、問題には〝偶発的に生じる問題〟もあれば、〝自ら設定する問題〟、あるいは〝あえて創り出す問題〟があります。

また解決策も、「なぜ、なぜ」と原因分析をしていけば自動的に1つの原因が浮き彫りになってくる**「処理タイプの解決策」**もあれば、単純に原因を特定できない中で仮説的に実施しなければならない**「処置タイプの解決策」**もあります。

さらに、現在のようにイノベーション（革新性、創造性）が求められる時代では、過去のデータを活用する分析的なアプローチや従来延長の改善的なプローチでは問題解決ができなくなってきています。

第2の盲点は、技法の使い分けができていないことの原因にもなっている**「個人の思考法という技術段階での技法の偏りや、さらに個人の経験に根ざすものの見方や考え方、先入観といったより深い段階での〝観念の枠〟（マインドフレーム）が思考に対して作用しているというこ**

とに気づいていない」というものです。そのため、人によって問題の特定や解決策に偏りが出てしまっています。

たとえば、間違いを起こしてはならない業務運営に長年従事してきた人には、自分の役割ではない業務に口を出さないという習性が身についていることがあります。かつて、地方の中核都市のある鉄道会社がホテル事業を始めたとき、「サービス対応の柔軟性」という問題が起こりました。具体的には、朝のチェックアウト時にフロントが混雑しているにもかかわらず、裏で何人かが休憩しているということがあったのです。問題解決会議でそのことを指摘された当事者たちは、「担当外の仕事に手を出すのは事故のもと」という「観念の枠」があったため、問題を問題としてすら認識していなかったということでした。

困ったことに、自分が持っている「観念の枠」に、自ら気づくことが難しいという問題の二重性があります。「枠」は、自分にとっては「当たり前、常識」であり、その「観念の枠」を問題にすることがなかなかできないでいることが多いものです。

ましてや、創造性が重要な問題状況になると、問題解決技法や思考力以上に「観念の枠」が発想や意思決定に強く影響してきます。創造的思考力は「自分にはできる」という観念がなければ発揮されません。

第3の盲点が、「**人々の知恵や行動を一体化し、かつ相乗的に活かす集団（チーム）学習的な活動の影響性に目が向いていない**」というものです。

集団学習的な活動には、協働による能力の相乗作用に向けて、人々の価値観と感情的側面の2つが大きく影響を与えます。たとえば、問題を定義づける価値基準は集団活動にとって支柱のような役割を果たします。ところが、このことがどの組織や部門においても意外ときちんと擦り合わせができていないようです。また、人は論理以上に感情の影響を受けて行動の選択をしますが、この感情問題をこじらせて問題解決が暗礁に乗り上げてしまっていることもよく目にすることです。時には俎上にすら上れなくなってしまっていることもあります。さらに、集団内におけるパワー関係も、集団としての意思決定に大きな影響を与えます。

それ以外にも、集団には個々人の意思とは別に、集団特有の力学が働いて、無意識のうちに問題解決の活動に歪みを生じさせることもあります。

いずれの場合も、集団で問題解決の活動をしている際に、このような様々な人間間の関係性が問題解決の質に対して負の影響を与えても、当事者は自律的にその修正ができないことがほとんどです。

以上のことを端的に言えば、この3つの盲点をしっかりマネジメントすることができれば、問題解決が促進できるということにつながります。同時にそれは、**問題解決技法や思考方法を学習しただけでは、実践的な問題解決につながらない**ということも意味します。

本書は、問題解決の論理的流れを縦糸としつつも、前述の盲点を生み出す思考や感情といった人間的側面を横糸において、問題解決の実効性を高めるコツやツボを紹介し、問題解決に対するセンスをみがくことを目的としています。

【本書の構成と読み方】

本書は、第1章と第2章で問題解決の論理的な流れである「問題解決プロセス」を学習します。第3章と第4章では、「個人」とその集合である「集団」に焦点を当て、問題解決の質を左右する「3つの盲点」の原因となる「**思考の仕方**」「**観念の枠**」「**チーム学習**」の影響とその対処の仕方を学習します。これによって、盲点ごとに問題解決のセンスがみがかれるように構成されています。

第5章は、問題解決のセンスをみがくポイントをまとめています。

問題解決の論理的な流れを確認したいとか、問題のタイプごとにアプローチ方法や手法を変えることに興味がある方は、第1章と第2章からお読みいただくことをお勧めします。「問題解決手法については十分知っているが、うまく使えていない」と感じている方は、第3章からお読みいただくとよいでしょう。

現代のビジネスパーソンにとって本当に必要なのは、難しいモデルや理論ではなく、実践として使いこなせる技術や道具です。

実際の経営現場で様々な問題解決に取り組んでいるが、どうしてもそのアプローチや技法が現場に適合しないと考えている方々、これまでに紹介されてきた問題解決技法を使って一生懸命に取り組んでいるが、何らかの「盲点」にぶつかって苦慮されている経営者や管理者の方々、及び部門ごとに異なる問題解決に効果的な支援をすべく有効な技法を探されている担当者の方々が、本書を通じて実践的で創造的な問題解決を実施していただくための手がかりを掴んでいただければ幸いに思います。

2015年3月吉日

著者

目次

第5章　問題解決のセンスをみがく

装丁／小松学（ＺＵＧＡ）
本文デザイン／橋本優子（創基）
本文ＤＴＰ・図表制作／横内俊彦

第1章

問題解決の基本モデル

本章のポイント

世界はさまざまな問題で溢れています。ビジネスの世界も同じです。ビジネスの第一線では、営業担当者やサービス担当者がお客様の抱えている問題を解決しようと日々奮闘しています。管理者は職場の生産性が低下したり、社員の意欲が低下したりすれば、何らかの手を打たなくてはなりません。経営者は激変する経営環境に適応していくために、事業戦略を考え、さまざまな施策を実施に移します。また、業績が思ったように伸びなければ、その原因を把握し、的確な問題解決をしていく必要があります。

つまり、ビジネスパーソンはその職位に関係なく、問題解決の手法に精通しておく必要があるわけです。

ところが、従来の問題解決技法は、個人の論理的な分析思考態度の開発に重きが置かれています。社会や組織の中では当たり前の、人々の観念や感情と問題の関わり、あるいは関係性の中で起こってくる心理的な問題、また問題定義や解決案検討および実践活動で必ず「問題」になる集団のマネジメントにはほとんど言及していません。

問題解決は、「論理的な思考態度」が求められますが、加えて個人のみならず「集団の心理的な側面」への洞察を深めるようにしていく必要があります。
本章で紹介する問題解決モデルのＳＳＤＰは、問題解決の論理的側面だけでなく、問題とその解決に関わる人々の心理的側面も押さえていくことの重要性を示すモデルになっています。

【第１章で学習すること】
❶問題分析は、「なぜ、なぜ分析」だけではない。
❷問題解決モデル「ＳＳＤＰ（Solution Scenario Design & Planning）」の内容を理解し、問題にはさまざまなタイプと解決のアプローチがあることを理解する。
❸問題解決の論理的な流れと３つの盲点の関係を理解する。
❹問題解決にＳＳＤＰモデルを活用することで、どのようなメリットがあるかを理解する。

1

問題解決は、「なぜ、なぜ分析」だけではうまくいかない

従来からよく使われている問題解決の手法として、いわゆる「**なぜ、なぜ分析**」があります。論理思考（ロジカル・シンキング）に基いて、問題の原因を「なぜ、なぜ」と深掘りしていくことで明らかにしていくという手法です。もともとはトヨタ自動車の大野耐一が著書『トヨタ生産方式』（ダイヤモンド社）の中で、「〝なぜ〟を5回くり返すことによって、物事の因果関係とか、その裏にひそむ本当の原因を突き止めることができる」と述べたことが始まりであることからわかるように、主として製造業で生産管理などの領域で使われてきました。

しかし、この「**なぜ、なぜ分析」だけですべての問題が解決できるわけではありません。**このことを以下のケースで学んでみましょう。

【ケース】

Ａ社は、業界の中では営業力に優れた会社であるとして、一目置かれる存在でした。競争相手よりも多くの営業社員を抱え、よく教育された情熱あふれる集団として、自他ともに認める会社でした。しかし、競争環境の変化は、Ａ社の業績にも負の影響を与えるようになりました。

そこで打たれた対策は、「営業力」という同社の強みをさらに生かそうとする対策でした。つまり、営業エリアを明確に細分化し、営業社員をエリアに張り付かせたのです。そして、そのサポートとして、技術社員との関係性を強くし、問題解決力を高めようとしました。その結果、営業社員が小まめに顧客を訪問するようになり、訪問件数は増加しました。

その一方で、企画提案を技術社員に頼るあまり、自分たちで顧客と一緒に悩み考える時間が減ってきました。確かに訪問効率という尺度から見れば、この対策は成功です。しかし、一方で、営業社員は顧客から重要な問題状況に対する認識を聞き出す力が減退し、とにかく訪問数をこなすということが中心になりました。企画を提案しようにも、顧客の状況がわからず、提案するものは営業社員が売りやすい「パッケージされた商品」になってしまいました。そして、営業部門からは「自分たちがお客様を開拓している。自分たちが開発をリードしている」という気概と情熱が、だんだんと薄れていったのです。

問題解決では、「自分の強みを再度認識し、それを活用する」というアプローチがあります。このケースでは、「なぜ売り上げが落ちているのか?」→「自分たちの強みを活かしていないからだ」。では、「自分たちの強みは何か?」→「顧客密着で営業をしてきたことだ」。だから、「顧客密着力をさらに強めるようにすることが業績の回復につながる」→「提案は技術社員が担当すればもっと良くなる」という論理です。

しかし、一方で営業社員が自律的に市場開拓をするとか、自ら顧客と悩むという、「主体性や創造性」という側面が萎《しぼ》んでいったのです(図表2)。

■図表2 「なぜ、なぜ分析」でよくある間違い

なぜ売上が上がらないのか

Why ↓

自分たちの強みである営業力を活かせていない

Why ↓

営業個人の裁量で顧客訪問をしている

Why ↓

市場開拓は自由にしていいということになっている

結果 ↓

顧客への訪問頻度が落ちている

対策 ↓

[問題解決の仮説]
①顧客密着力をさらに強めるようにすることが、業績の回復につながる。
②提案は技術社員が担当すればカバーできる。

[新たな問題]
①主体性の定価
②行動のマンネリ化
③提案力の低下

2 SSDPの車輪モデル

本書で紹介する問題解決の基本モデルである「**SSDPの車輪**（Solution Scenario Design & Planning）」は、米国のAction Management Associatesが開発した「PSDM Problem Solving & Decision Making」を日本の現状に沿ってアレンジしたプログラムです。

このプログラムは、従来の問題解決プログラム、たとえばQC手法やTQMなどを代替するものというよりは、それらをより良く活用していくために役立つものです。

SSDPは、車輪の外側にある4つの論理的問題解決プロセス「**問題定義→解決創案→意思決定→実行計画**」と、車輪の中心の主軸である「**個人と集団**」から構成されています（図表3）。

SSDPは、これらの要素を一連の流れを持った包括プログラムとして開発されました。

この「SSDPの車輪」モデルの特徴は、「個人と集団」という人間的側面が車輪の中心であ

■ 図表3 「SSDPの車輪」モデル

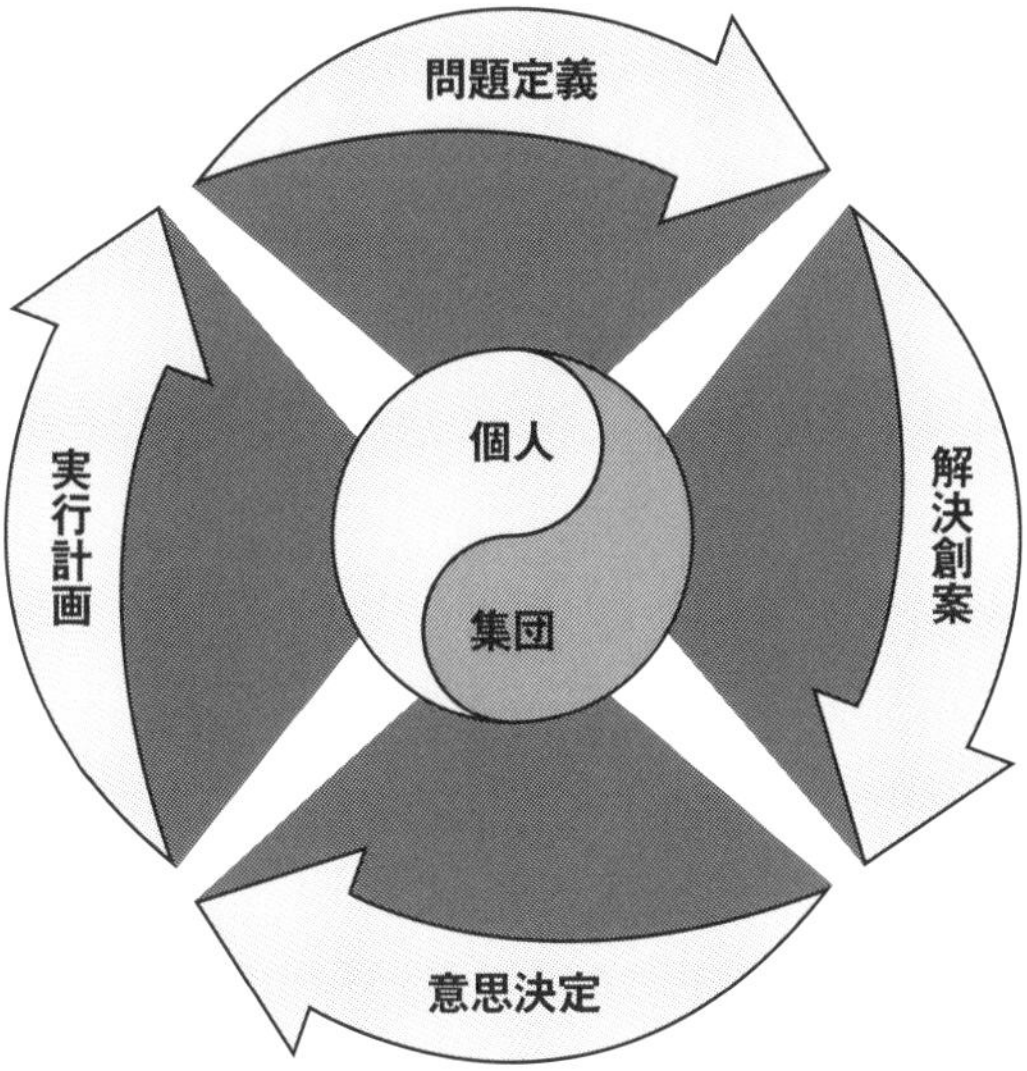

[4つのプロセス]
- 第1プロセス：問題定義
- 第2プロセス：解決創案
- 第3プロセス：意思決定
- 第4プロセス：実行計画

[車軸]
- 個人
- 集団

る「主軸」になっているということです。ここに注目してください。これは、問題解決活動が単に論理的な思考のステップをなぞればよいのではなく、「個人や集団の思考方法やコミュニケーションのあり方」が問題解決のプロセスに影響を与えることを示唆している点です。

企業の成果はすべて意思決定から生じます。そして、これらの一連の意思決定プロセスは、個人と集団の相互作用によってその質が大きく左右されます。このように、**組織の人間側面が問題解決の3つの盲点を創り出しているのです**。SSDPは、従来の問題解決技法やプログラムが軽視していた、問題解決の主体者の「心理的側面」を包括したプログラムになっています。

車輪の外側にあたる部分では、矢印の方向が時計回りに進んでいます。これは、問題解決が論理的時系列で前進し、また目標に向けて循環的に進むことを示しています。

しかし、この車輪は自動車のように必要に応じて後退することも想定しています。それができないと方向転換もできないし、行き詰まってしまう事態が発生してしまうことになってしまいます。この車輪の外側に沿って、4つの主な情報処理のプロセスがあります。**問題解決は4つのプロセスにある、さまざまな技法を効果的に組み合わせることで有効なものとなります**。

そして、問題のタイプによっては、より深いレベルでの思考法の使い分けが求められます。図表4は、「SSDP4つの問題解決プロセス」の簡単な内容説明です。この、問題解決プロセスは単独でも使えるものになっています。

■図表４　SSDP4つの問題解決プロセス

問題解決プロセス	内容	ポイント
問題定義 ・問題の特定 ・原因分析	・あるべき姿と現状の逸脱状況を明確に把握する ・問題の原因を分析する ・最も可能性の高い原因を特定する	・問題は何かを定義する ・問題に対するアプローチ方法を選択する ・問題によって原因分析の技法を使い分ける
解決創案 ・解決策を案出する	・解決策を案出、創案する ・解決策のリストを作成する	・論理思考や創造思考、拡張思考を使い分ける
意思決定 ・解決策を決定する	・判断基準を決定する ・コンセンサスで解決策を選択する	・判断基準を明確にする ・判断に必要な情報を収集する
実行計画 ・実行計画を策定する	・解決策の実行計画を立案する ・計画実行に際し、予測される不安要素やリスクを明確にして対処方法を明確にしておく	・計画実施に際して考えられるマイナス要素の情報を収集する ・対処方法は「予防対策」と「事後対策」がある

3 ＳＳＤＰ４つのプロセスと盲点

ＳＳＤＰの車輪の外側にある４つのプロセスは、問題解決の論理的側面です。そして、車軸の「個人と集団」は、この論理的プロセスを有効に使う場合もあれば、非論理的な思考に陥り問題解決の質を落としてしまうこともあります。このように、「個人と集団」という要素が３つの盲点を創り出します。

では、３つの盲点は、問題解決の論理的プロセスにどのように関係してくるのでしょうか。

◈第１プロセス「問題定義」……問題のタイプを見分ける

ＳＳＤＰの第１プロセスは、**問題状況を把握し、原因分析をする**プロセスです。

ここでのポイントは、問題のタイプをしっかりと認識すること、つまり「問題の定義」をすることです。

問題は、問題への認識があろうとあるまいと、すでに何らかの現象が起きていて、解決に向けてともかくその原因を見つけるところから始める必要がある「**発生タイプ**」の問題と、現状では問題となる現象が存在しない中で、今後のレベルの向上やさらなる改善などを意図して、あえて問題となる事象を想像するといった「**開発タイプ**」に分類されます。

さらに、開発タイプには、「**設定タイプ**」と「**創造タイプ**」の２つのタイプがあります。設定タイプは従来の期待値のレベルアップです。創造タイプは、従来とは次元が異なるような発想が必要になるような問題です。

たとえば、「世界的な人口増加に伴う食糧問題をどのように解決するか」というようなテーマは、未来に向けて問題そのものを創り出していきます。図表５は、問題のタイプを分類したものです。

問題のタイプを、現在の期待値とのギャップ（ＧＡＰ）という視点で分けると、図表６「期待値とギャップの関係」になります。

問題のタイプをきちんと定義して合理的なアプローチをしていくことは、問題解決に大きな

■ 図表5　問題のタイプ

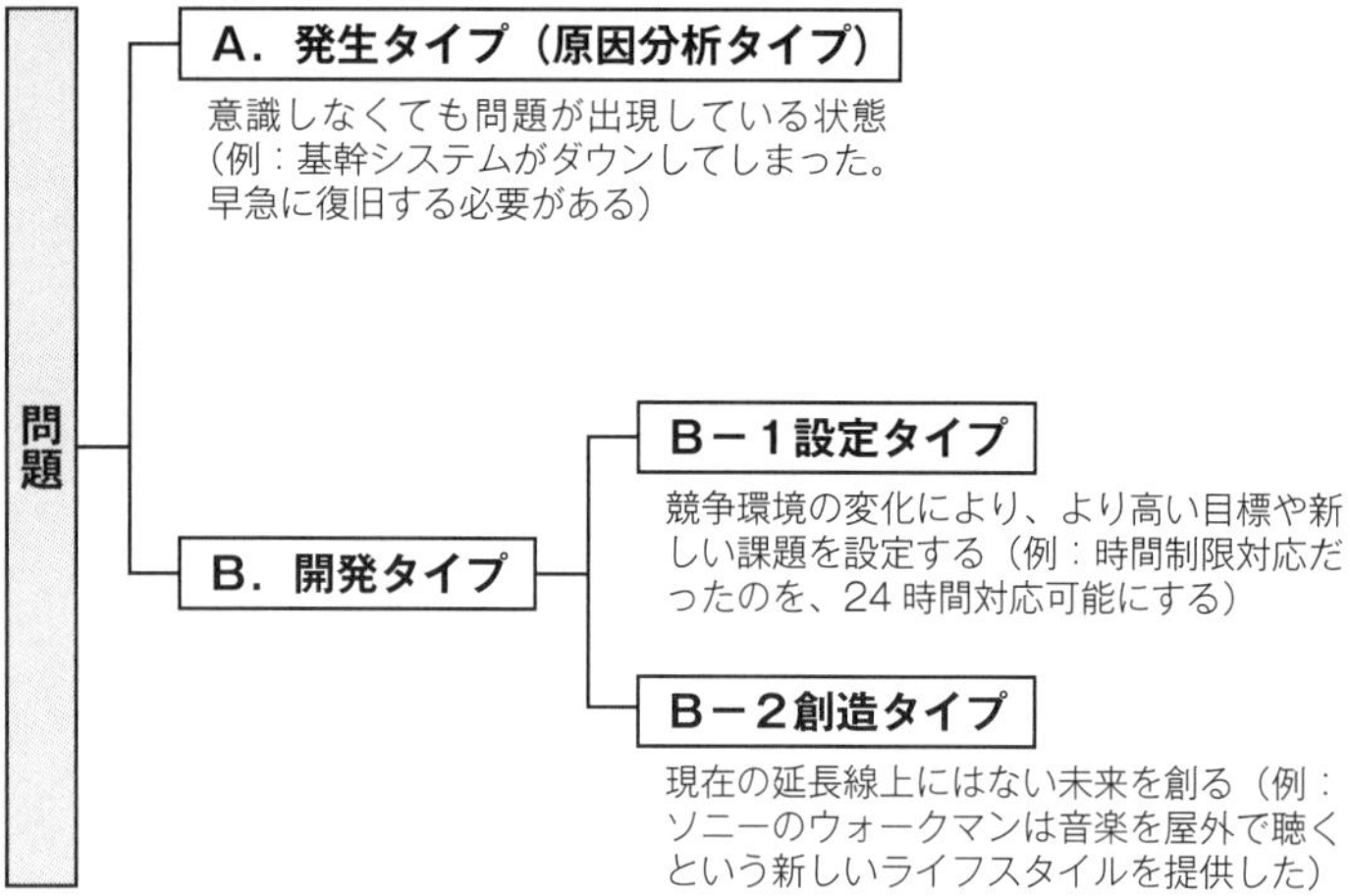

■ 図表6　期待値とギャップの関係

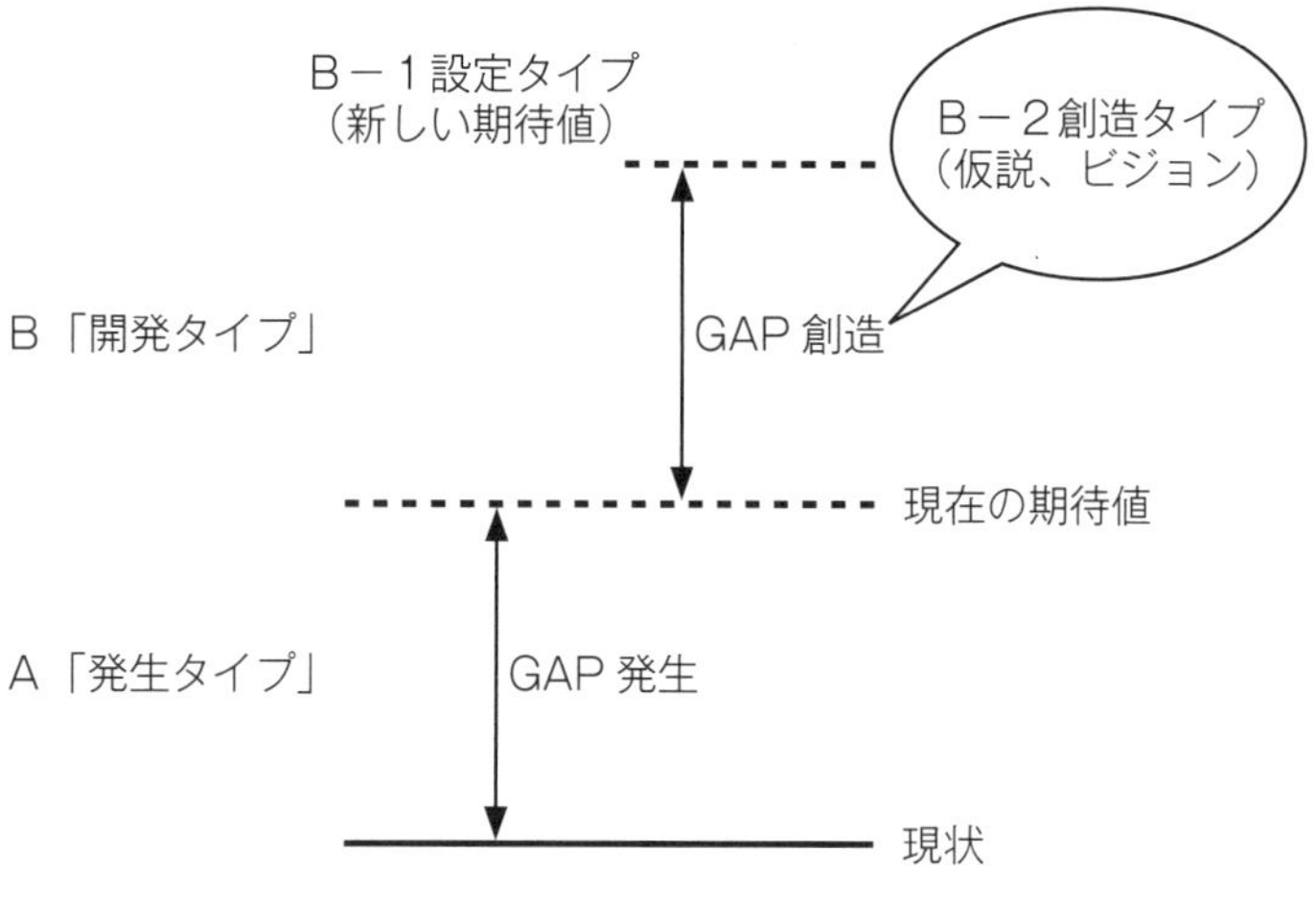

影響を与えます。ところが現実は、問題のタイプに合ったアプローチ技法の区分けがなされないまま問題解決をスタートさせ、それによって大きな無駄や損失、さらなる混迷状態を生み出してしまっている場面を目にします。

X社で中期事業計画の策定立案のご支援をさせていただいたケースがあります。従来の計画は、これまでの業績の振り返りが中心で、事業環境分析はしているのですが、個別の変化の羅列にすぎず、結局、これまでの業績分析の対策が次の経営計画の柱になってしまい、未来という変化の可能性に対する対応が抜け落ちていたのです。

このような当たり前に思えることが意外とできていない組織が多いものです。事業戦略を構築する場面では、拡張的に問題を設定する機会開発的な問題解決のアプローチや、さらには将来に向けて、創造的な仮説を設定する問題解決のアプローチが必要不可欠になります。

問題解決は、問題を認識したところからすべてが始まります。そして、問題解決では、問題を認識したときに必ず押さえておかなければならない重要なポイントがあります。

それは**問題のタイプを識別し定義すること**です。問題はそのタイプによって解決に到る論理の展開がまったく異なりますから、最初の定義を怠ると解決に辿り着くことができなくなってしまいます。**問題のタイプが異なれば、アプローチもそれぞれのタイプに合った論理展開が必要です。**

◈第2プロセス「解決創案」……問題タイプごとにアプローチを変える

第2のプロセスは、**解決策を創案する**プロセスです。

解決策は、発生タイプの問題の多くがそうであるように、分析していけば真因が特定されて、それを裏返したり、穴埋めしたりしていけば問題が解決していく処理的な問題もありますが、問題の真因が特定しづらい中で、最善の対策を選択しなくてはならない問題や、システム全体を再構築しなくてはならない問題もあります。

前者を「**処理タイプの解決策**」といい、後者を「**処置タイプの解決策**」といいます（図表7）。

処理タイプは、原因分析手法がすなわち解決手法となります。しかし、処置タイプは、問題解決に最善と考えられる仮の基準を描いて、選択的に問題解決を進めることになります。

また、現状に対してさらなるレベルアップを目指して、新しい目標を設定するタイプの問題は、真因につながる基準や前提自体が事前にありませんから、展開としては処置タイプのアプローチの手法と同様、問題解決に対して選択的な手段をさまざまに模索していくことになります。

たとえば、１９６０年代中に月に人間を降り立たせるという「アポロ計画」のような問題解決がこれに当たります。まず、「１９６０年代中に月に人間を降り立たせる」という目標があり、目的と手段という仮説設定の検証により問題解決がなされていきます。

創造タイプの問題解決の最大の特徴は、問題を定義する段階で直観的な着眼や創発といった発想思考を駆使するところにあります。それには、はじめから前提があることを論証するような分析思考や、既存の事実を集積する延長線上に因果を仮定するような拡張思考では対応できません。むしろ、前提そのものを作り上げる飛躍的な仮説想像思考の力や、仮説の柱として働く新しい前提を思い浮かばせる直観的な発想思

■図表７　問題解決の２つのタイプ

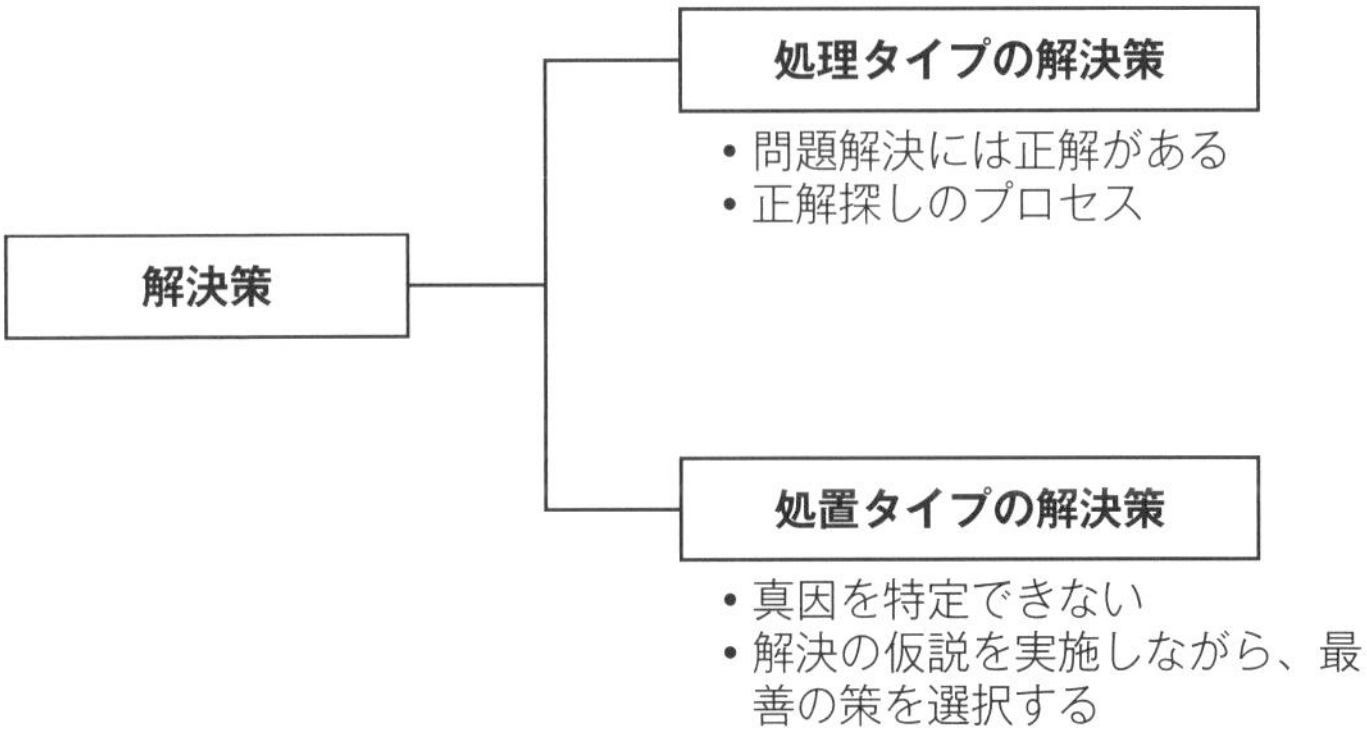

考の力が求められます。

このように、**問題の定義が異なると、解決へのアプローチも問題のタイプに合わせて多岐に分かれます**（図表8）。


また、問題解決には、当事者の思考の偏りが影響を与えます。

たとえば、日本における第二次安倍政権の、いわゆるアベノミクスは、「デフレの解消」という目的は衆目の一致するところでしたが、「何がデフレを引き起こしているか」という問題認識において、関係者の間では必ずしも合意ができているとは言えませんでした。

当時、日本銀行は「マネーサプライを増やせば、デフレは解消する」という考えで、金融緩和施策を実施し、株高円安という状況を創り出しました。当初は市場関係者の評価を受けましたが、日本の製造部門の海外移転で国内投資は思ったほど増えず、石油卸価格の急激な低下で物価も上がらず、２０１４年にＧＤＰはマイナス成長に陥りました。

このように、ＧＤＰがマイナス成長になった原因は、「日本の人口減少」「国内産業の競争力低下」「産業の構造転換の失敗」が原因であるという考えがあり、このような問題は金融緩和では解決しないということです。このケースは、問題定義の難しさを物語っている良い例です。加えて、「マネーサプライを増やす」という解決策を提案した人たちの「観念の枠」が影響を与え

■図表８　問題のタイプと解決アプローチ

問題のタイプ		状況認識	典型的状況	アプローチと発想のタイプ
発生タイプ（原因分析タイプ）		今まではよかったが、最近期待通りにいっていない。	ここ最近、前年対比で数値が落ちている。不良品の発生が増えている。	処理タイプ ① 分析思考
		スタートした直後から一度も目標を達成していない。	新しい店を開いたが、いまだに期待売上を達成できていない。	処理タイプ ② 分析思考
		問題の原因が技術的側面だけでなく、人間的側面も含めていろいろありそうだ。	従業員の退職が増えてきた、何が起こったんだろうか。	処置タイプ ① 分析思考
		問題を起こしている要因が複雑に絡み合っていて、相互に原因と結果の関係になっている。	卸先の要請に従って製品の増産に踏み切ったが、結果として多くの在庫を抱えてしまった。何が原因だろうか。	処置タイプ ② 分析思考
開発タイプ	設定タイプ	今のレベルでは競争に勝てない。もっとレベルアップしなくては。	お客様に届くまで３日かかっていたのを１日にできないか。	処置タイプ 拡張的思考
	創造タイプ	従来とは異なる状況が出現している。新しいコンセプトで対処しなくてはならない。イノベーションが必要だ。	•鉄道会社でも航空会社と変わらない社内サービスができないだろうか。 •高級な食材を使って美味しいものを手頃に食べられないだろうか。	処置タイプ •仮説想像思考 •直観的な発想思考

ているとも言えます（図表9）。

質の高い問題解決のためには、**単に「問題解決の技法」といったレベルのみならず、「技法を支える水面下の思考法がまったく異なる」という本質をしっかりと押さえておくことが大切**です。

◈第3プロセス「意思決定」

第3のプロセスは、**意思決定**に関するプロセスです。これも問題のタイプや解決策のタイプによって異なった意思決定の考え方やそれを支える技法が必要となります。

処理タイプの解決策の場合、打つ手は必然として明確になりますから、ほとんどの意思決定は「判断」という自動思考で事足ります。一方

■ 図表9　「観念の枠」（先入観、偏った考えなど）が問題解決に影響を与える

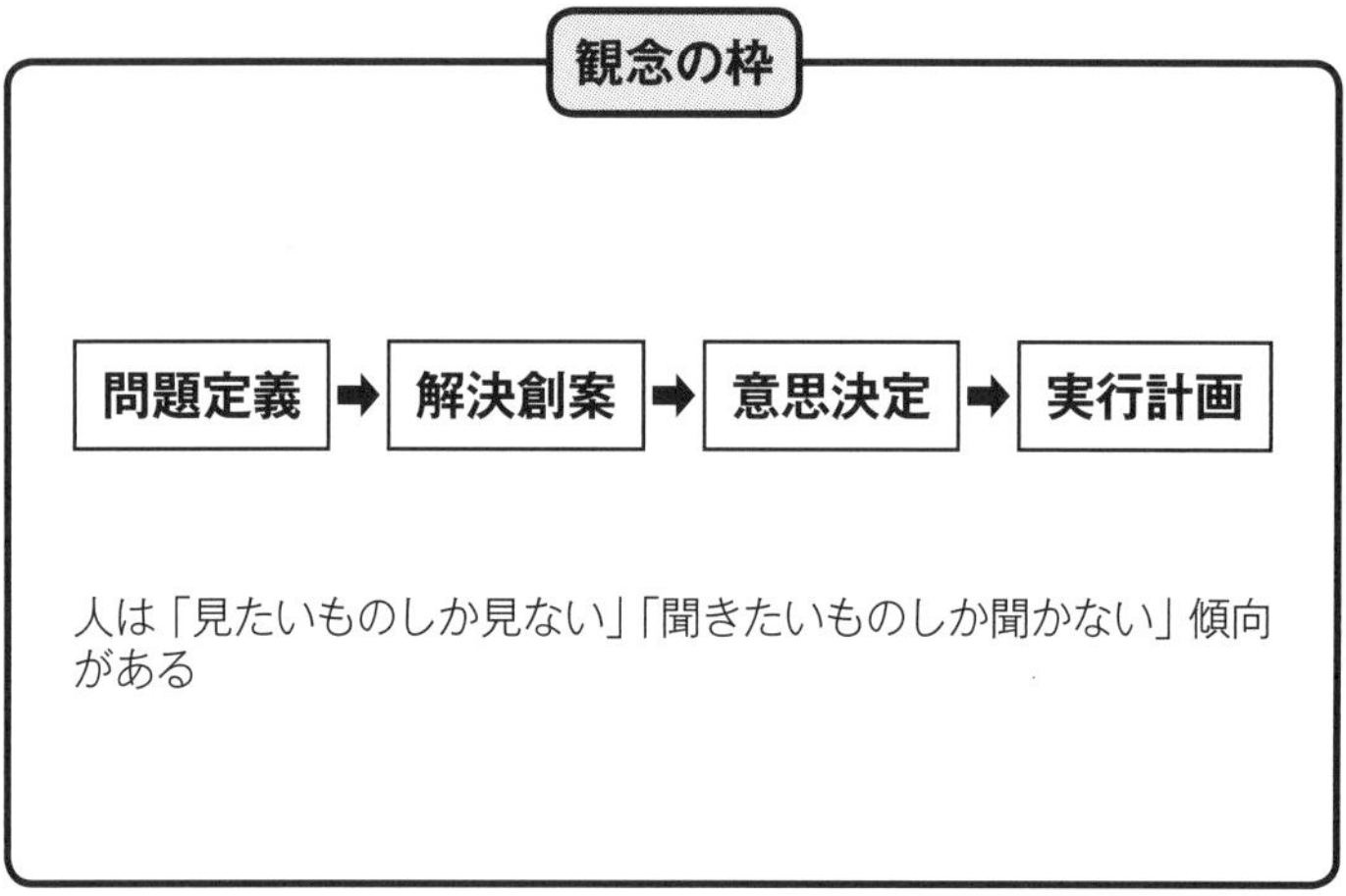

で、処置タイプや開発タイプの解決策は複数案出されます。そうなると、その中から最善の方法を選択していく必要が出てきます。そして、それは、関係する人たちが合理的に納得する結論を導き出していくプロセスが重要になります。

また、解決創案プロセスで示されるように、**創造的な問題は答えを探すのではなく、答えを創り出していくのが目的になります**。このような場合では、意思決定というよりは、プロトタイプ（試作品）の作成やテスティング（お試し）の実施といった、試行錯誤を実践的に繰り返すことで、解決手段を絞り込んだり精度を向上させたりしていく、合意形成のプロセスが必要になります。

また、「意思決定」は選択肢の中から「論理と計算」によって「選び出される」ものばかりではなく、**選択肢があったとしても論理を超えて自らの主観という意思や感情を伴わせて決定することが多くあります**。

たとえば、経営の場面では、「新規事業への取り組み」とか「製品デザインの更なる洗練」とかといった内容の問題です。こういった内容の「意思決定」においては、その決定精度を少しでも高めるために、推論の事実化を高めようとします。これは主観的要素の高い推論をできる限り客観化させて、推論を事実に近づけようとするアプローチです。個人の持つ主観を事実としての客体に近づけるには、集団の合意形成による客観化しかありません。それには、「集団による効果的な合意形成プロセス」を作り出すことが必要不可欠になります。

効果的な合意形成には、問題解決に着手する前段階での信頼関係をはじめとした心理的な協働態勢作りが欠かせません。これを怠ると、集団での意思決定は、むしろ様子見とか、迎合、自己検閲といった、「**集団愚考**（アーウィン・ジャニス）」と言われるような意思決定にとっては負の側面が出現してきます。

このことは、**組織における問題解決の意思決定においては「合意形成プロセスのマネジメント」がとても大切になってくる**ということを意味します（図表10）。

■ 図表10　問題のタイプと意思決定スタイル

問題のタイプ	意思決定スタイル	意思決定プロセス	意思決定主体
発生・処理タイプ	判断、明確な評価基準	正解探し	専門家、当事者
発生・処置タイプ **開発タイプ**	複数案の中から選択、評価基準の明確化	合意形成	専門家、当事者含む利害関係者
創造タイプ	プロトタイプ作成、お試し実施	試行錯誤、合意形成	専門家、当事者含む利害関係者、利用者

◈ 第4プロセス「実行計画」

第4のプロセスは、**実行計画**のプロセスです。これは単純に実行の段取りを具体化するためのスケジュールを立てたり、実施者の責任分担を明確にしたりするといったプロセスだけではありません。**解決策を実行しようとした場合に、その活動から新たに生じる問題や二次的問題を予測したり、あるいは突発的に生じるかもしれない不測事態を予測して、その事前防止としての予防策や、事後対策としての対応策を織り込んでいくことになります**（図表11）。

特に予防策には、実行に影響を与える「利害関係者」の関わりや影響力というものを十分に考慮しておくことが必要です。人は論理だけで

■ 図表11　実行計画のポイント

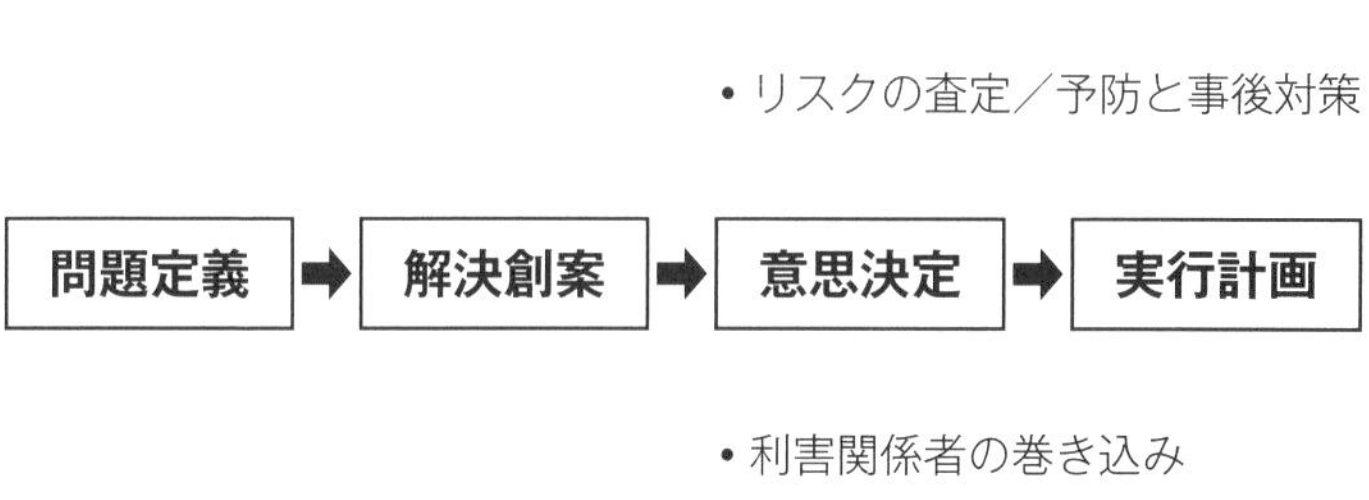

は動きません。むしろ、実行計画の提案内容に対する、「感情的受け止め方」が重要な側面を占めることが多いものです。

このように、3つの盲点は問題解決プロセスのすべての側面において関係します。

◈問題解決にSSDPを活用する7つのメリット

問題解決にSSDPを活用することによるメリットには、次の7つがあります。

(1)より良いチーム活動。効果的で生産性の高い問題解決ミーティング

チームづくりや対話のポイント、ミーティングメンバーの役割などを理解することで問題解決の質を高めることができます。

(2)スピーディーに、より少ないコストで、問題の原因を見つけて修正する能力

SSDPでは、4つのプロセスで問題解決技法とワークシート、およびチームワーク理論を活用することで、議論の漂流をより少なくすることができます。

（３）改善された対策発見と革新をもたらす、より創造的な思考

問題解決の技法と発想アプローチに、論理思考だけでなく、仮説創造法などの発散思考を取り入れることで、より広い思考で問題解決に取り組むことができます。

（４）より良い意思決定

問題のタイプに合った解決アプローチや、意思決定プロセスにおける判断基準と評価の合意形成プロセスを活用することで、利害関係者の納得を得やすくなります。

（５）問題を事前に防ぐために、もっと上手く計画を立てる

実行段階におけるリスクや不測事態を考慮した計画づくりをすることで、実行の質が向上します。

（６）他者を〝巻き込み〟、アイデアや計画にコミットさせる

すべての問題解決プロセスで、参画的アプローチの重要性を理解することができるようになっています。

（7）問題解決における〝共通の言語〟を開発する

ＳＳＤＰで使う考え方や用語および技法を組織の多くの人たちが学習することで、「問題の発見と解決」への共通認識が高まり、問題解決で陥りがちな３つの盲点を克服しやすくなります。

ＳＳＤＰプログラムは、仕事の経験をそれなりに積んでいる人たちに最適に活用されることを目指して設計されており、問題解決における「**論理的側面**」と「**心理的側面**」に関する懸念の両方を検討できるようになっています。

第2章

問題解決の技法

本章のポイント

この章では、ＳＳＤＰモデルの「外側の車輪」である、問題解決の４つのプロセスと技法を学習します。問題解決における論理的思考が重視される側面です。

この４つのプロセスは、一連の問題解決の流れとして使っていきますが、個別の問題解決技法としても使えるものになっています。

【第2章で学習すること】

❶問題解決の論理的プロセスである「問題定義」→「解決創案」→「意思決定」→「実行計画」を学習する。

❷発生タイプの原因分析に活用する４つの基本アプローチがある。

・逸脱（デビエーション）分析
・差異分析
・力の場の分析
・システム・シンキング分析

❸解決策には、「処理タイプのアプローチ」と「処置タイプのアプローチ」がある。

❹意思決定には、「選択決定タイプ」と「試行錯誤タイプ」がある。

❺実行計画では、実行段階で起こり得る問題に対する「予防策」と「対応策」を準備することが大切である。

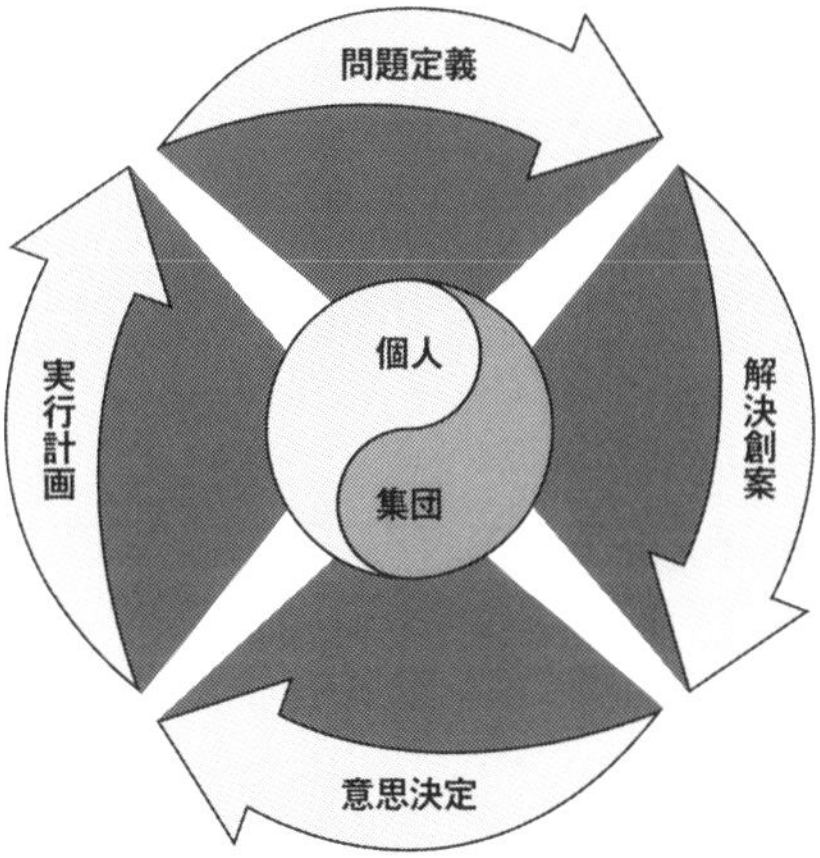

［４つのプロセス］
- 第１プロセス：問題定義
- 第２プロセス：解決創案
- 第３プロセス：意思決定
- 第４プロセス：実行計画

［車軸］
- 個人
- 集団

1 問題定義

問題解決の入り口は、問題のタイプを見極めることです。

「実際」の業績と「期待されている」業績が一致しないとき、そして、その「ギャップ」が十分に重要であると認識するとき、それは問題でもあり、同時に機会でもあります。問題解決はそのことを認識したところから始まります。もし、〝原因を見つける〟必要があるならば、それは「発生タイプの問題」ということになりますし、もし、〝新しいアイデア〟が必要ならば、それは創造的な「開発タイプの問題」ということになります。世の中には、その混合タイプの問題解決が要求される場合もあります。

そして、**何らかの手段を講じて、そのギャップをなくす活動が「問題解決」です。**

発生タイプの問題には、以下の４つの典型的なアプローチ方法があります。

①逸脱（デビエーション）分析
②差異分析
③力の場の分析
④システム・シンキング分析

まずは、ＳＳＤＰ問題解決の４つのプロセスの使い方を学習します。典型的な発生タイプの問題ケースを、逸脱（デビエーション）分析を使って解決してみましょう。

◈ ①逸脱（デビエーション）分析

「**逸脱（デビエーション）分析**」は、いわゆる「なぜ、なぜ」的に原因を追及していくアプローチです。

今までは期待値通りの実際であったのが、ある時点から期待値を離れた（逸脱した）場合に使用します。

練習問題ケースを活用し、デビエーション分析を適用してみましょう。以下のケースを読み、ケースの当事者になってこの問題の原因分析をしてみましょう。

【ケース】

あなたは、大阪市の阿倍野区に本社がある西浦音響株式会社（仮称）のスピーカー担当部長として、現場で起こりつつある危機を解決しようとしているところである。

あなたの会社は、この数年間、素晴らしい品質であるとの評判を得て、マーケットで主要な位置を示しており、シェアはさらに拡大しつつある。しかし、ここ2週間、北海道地区の営業課長である4人全員が普及型スピーカーのプラスチックケースのひび割れについて、販売代理店から数多くのクレームの報告を受けている。最初の報告があったのは1月上旬で、これまでのところ欠陥は300件を超えていて、各課長は、主要な販売代理店のすべてと小規模の販売代理店の大多数がクレームを申し立てていると言っている。報告書の内容はみな似通っていて、以下のようなものである。

「ケースのさまざまな部分がひび割れていたが、電気系部品、及び他のプラスチックや金属部分（ダイヤルなど）にはどこにも欠陥は見受けられない」

クレームがあまりにも多いので、あなたは、関西地区の営業課長である3人からも同じ報告があるのではないかと予想している。さらに悪いことには、同じプラスチックケースを使用している高級モデルにも同様のクレームが発生するのではないかと心配している。

高級モデルは、より音域が広く、より高価な電子部品の使用によりハイレベルの音質を提供していて、フレームの縁取りや、よりスタイリッシュなつまみから、外観的にも普及型より多少魅力的である。梱包は高品質のイメージに合わせて、従来どおり発泡スチロールの緩衝材を使っており、価格は30％高く設定している。地区の課長たちはひび割れたスピーカーを回収し、製造または出荷年月日を確定しようとしているところである。あなたはその間、担当者数人でその問題のことを話し合おうと決めた。

あなたは、工場の敷地のなかを会議室の方へ歩いて行きながら、品質管理課長と出荷の係長に、積荷場所にある普及型スピーカーをいくつかランダムに点検するのを手伝ってくれるように要請した。20個くらい調べた後、プラスチックケースは良い状態で梱包は十分丈夫であるという結論で合意に達した。担当者での打ち合わせ中に、次の情報が交換された。

「出荷は翌日ないし数日以内に、工場ラインから大小の販売代理店へ直接発送される。販売代理店は発注後２週間から４週間でスピーカーを受け取る。４個以下の注文は郵便ないしは小口小包で郵送され、大規模の注文はトラックで運ばれる」

10月中旬に、あなたは自分の会社のトラック部隊の代わりに、一般の配送業者を使い始めた。大規模な販売代理店は、通常、年間４回在庫を回転させている。

この２～３カ月間、あなたと現場作業員たちの間には、かなり不穏な雰囲気がある。あなたは9月上旬に自動梱包機械を導入した際、2つの仕事をなくしている。普及型スピーカーと高級モデルは外側のスピーカーボックスが同じなので、かなりの経費の節約をすることができることがわかってきており、その機械は、発泡スチロールの緩衝材と去年の春に普及型スピーカーに使い始めたダンボールの緩衝材の両方に上手く作用している。さらに、10月に品質管理部門が、頻繁に良い製品を不良品扱いしていた2人の訓練を行った。12月に頻発した音質の不合格品（実際には基準を満たしていた）の多さが、現場作業員たちのモティベーションと態度改善に悪影響を及ぼしていたからだ。普及型と高級スピーカーのプラスチックケースは、両方とも同じ樹脂と製造プロセスを使用しているので、同時に作られている。組み立て作業場で初めて、それらの製品は別のラインに分かれる。9月に始まった今までの樹脂供給業者との配送上のトラブル以来、あなたは時々新しい供給業者を使ってきた。ケースに使われているプラスチックは、この製品の他のプラスチック部品に使用されているものと異なっている。

あなたが関西地区の営業課長の1人を呼んで確かめたところ、まだクレームは来ていないとのことだった。

あなたの仕事は、与えられた情報を基に、最も可能性の高い原因を特定することである。

（1）デビエーション分析の展開を理解する

デビエーション分析は、原因分析アプローチの基本であり、論理思考を開発していくことにも有効です（図表12）。

デビエーション分析のプロセスは、９つのステップに分けられます（図表13）。

〔ステップ1〕問題を明確に記述する

あなたは、まず「問題は何か」を明確に記述することに取り組みました。**問題解決の第一歩は、問題を明確に理解すること**です。

「問題記述」は、何が問題であるかを具体的に記述することです。それは具体的な対象と具体的な問題で構成されます。

前出のケースでは、

■ 図表12　デビエーション分析

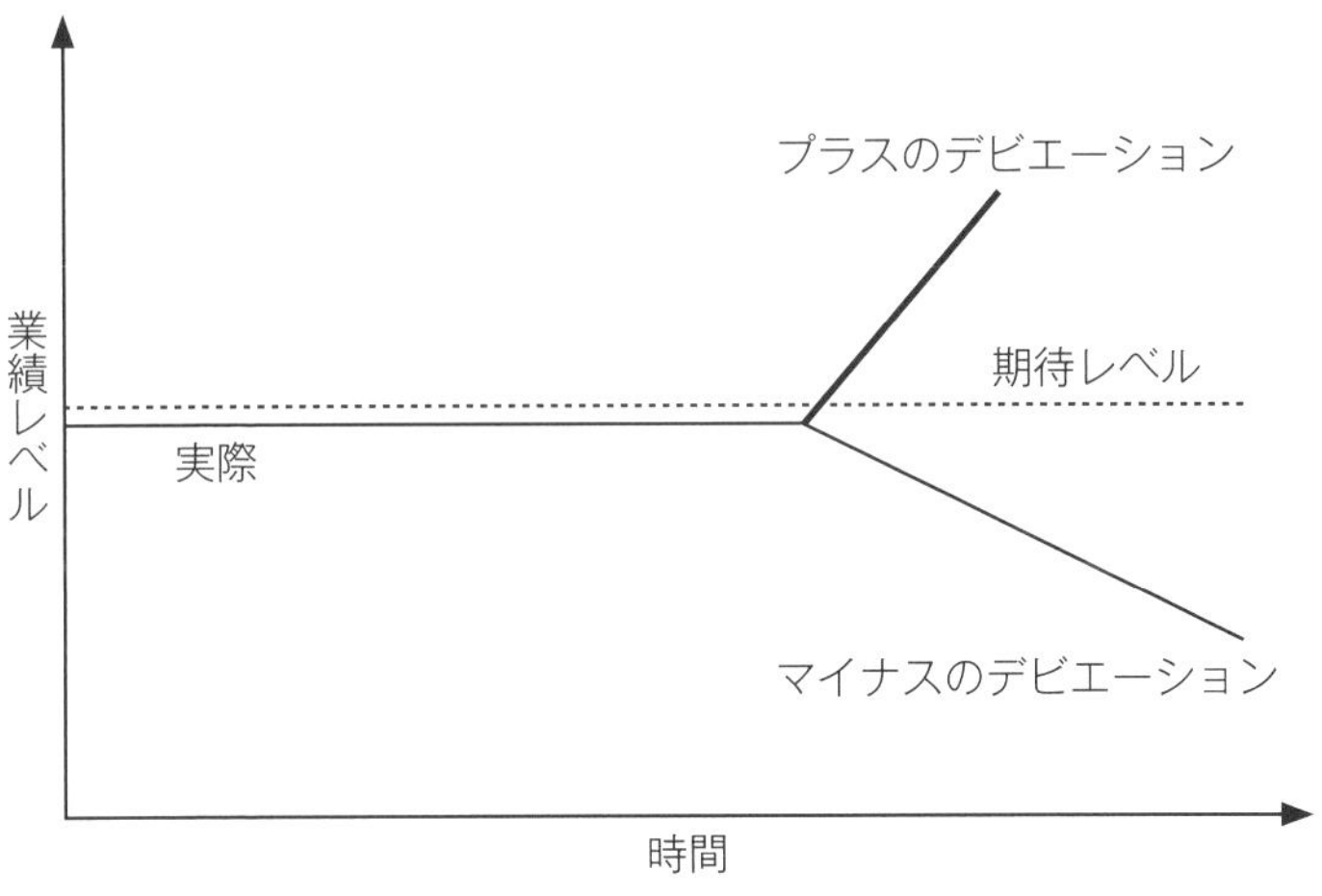

■ 図表13　デビエーション分析のステップ

①問題を明確に記述する	「デビエーションを記述する」とは、期待値のズレ、つまり問題点を記述することです。記述には、具体的な対象（何）と具体的な問題（どうなっている）が含まれます。たとえば、「普及型スピーカーケースにひびが入っている」
②問題状況を描写する ・～である（IS?） ・～ではない（IS NOT?）	「デビエーションを描写する」とは、問題の状況を多面的な角度から明らかにすることです。「何が、どのくらい、どこで、いつ」を明確にします。それぞれについて、IS（問題状況の描写）とIS NOT（問題ではない状況）を確認します。IS NOTは、問題の原因を特定化することに役立ちます。
③不足している情報を明確にする	ステップ3で不足している追加状況を明確にしてリストアップします。状況をもれなく把握できるようにします。
④時間軸で変化を探る	問題状況の発生を時系列で明らかにします。「変化」（変えたいこと、変わったこと）は「デビエーションの可能性のある原因」に関しての仮説の基盤となります。
⑤あり得る原因の仮説を立てる	このステップでは、「可能性のある原因」に関する仮説を立てます。考え得る限りの可能性を書き出します。
⑥あり得る原因を検証する	このステップの目的は、最も可能性の高い原因を特定するために、「可能性のある原因の仮説」を検証することです。ISとIS NOTの両方を最もよく説明できる仮説が最も可能性の高い原因になります。
⑦最も可能性の高い原因を特定する	ステップ7の検証結果から、最も可能性の高い原因を特定します。
⑧何らかの実証テストで、最も可能性の高い原因を検証する	「最も可能性の高い原因」を実験的に証明する方法を工夫して検証します。

（ア）「普及タイプスピーカーケースにひびが入った」
または、
（イ）「普及タイプスピーカーケースにひびが入っている」
になります。

［ステップ２］問題状況を描写する

あなたは問題の原因を探るために、デビエーション分析シートに問題状況に関する情報を整理することにしました。
問題状況は、「**何が**」「**どのくらい**」「**どこで**」「**いつ**」の４つの情報を収集します。
最初の情報収集は、問題が起こっている状況の描写です。「ＩＳ」の欄にその「発生している事実」を描写していきます。
次に、問題の可能性があるにもかかわらず、「問題が起こっていない事実」を、「ＩＳ　ＮＯＴ」の欄に描写します。
例：商品Ａのフレームにひび割れが起きている
「ＩＳ」……商品Ａのフレームにひび割れが起きている
「ＩＳ　ＮＯＴ」……商品Ｂのフレームではない、他の不良や欠陥はないデビエーション分析シートによる問題描写のポイントは次のようになります（図表14）。

- 「何が」では、問題が起きている対象を明確にしましょう。ＩＳは「何が」「どうなっている」ですから、問題記述と同じです。ＩＳ　ＮＯＴは、問題が起きていないところを確認します。
- 「どのくらい」では、数値や問題が起こっている場所を確認しましょう。
- 「どこで」では、商品の箇所やオペレーションおよび地理的な広がりを確認しています。
- 「いつ」では、初めに気づいた時期、その後の経過、サプライチェーンのどのあたりなのか、などが確認にポイントとして挙がっています。「ＩＳ　ＮＯＴ」分析をすることにより、比較列挙した情報から、発生した側にのみ存在している特徴を明確にすることができます。この分析により、一方では問題が発生している（ＩＳ）のに、他では問題が発生していない（ＩＳ　ＮＯＴ）という特徴が浮き彫りにされます。これによって「あり得る原因」を絞り込みやすくなります。
- 人に関する場合は、「誰が」「何に対して」「どのくらい」「どこで」「いつ」という５つの情報になります。

■ 図表14　問題状況の描写

	IS（起きている）	IS NOT（起きていない）
何が （問題の対象）	普及型スピーカーケース	高級モデルスピーカーケース（ではない）
	ひび割れ	他の不良・欠陥（はない）
どのくらい （問題の程度を数値で確認する）	300 以上	すべてで起こっているわけではない
	北海道全域の主要な販売代理店	すべての販売代理店で起こっているわけではない
どこで （製品の箇所、ビジネスプロセスの場所、地域など）	〈商品では〉 ケースの色々な部分	〈商品では〉 特定の部分だけで起こっているわけではない
	〈オペレーションプロセスでは〉 すべての販売代理店／顧客	〈オペレーションプロセスでは〉 工場で（QC や積み込み場所ではない）
	〈地理的には〉 北海道	〈地理的には〉 関西では起きていない
いつ （いつごろから、どんなときに）	〈気づいたのはいつか〉 １月初め	〈気づいたのはいつか〉 以前（はなかった）
	〈その後、いつその問題が見受けられたか〉 継続している	〈その後、いつその問題が見受けられる可能性があったか〉 問題がなくなったときはない
	〈サプライチェーンのどの時点でその問題が見受けられたか〉 はっきりしないが配達後	〈サプライチェーンのどの時点でその問題が見受けられたか〉 配達前（ではない）

【ステップ3】不足している情報を明確にする

問題状況を描写する「デビエーションシート」に書き出したところ、あなたは不足している情報があることがわかりました。再度調査する必要があります。あなたは、次のような情報が不足していると感じています。

（ア）３００以上の「普及型スピーカーケース」に〝ひび〟が入っているとわかっていれば、それが毎月発送される「普及型スピーカー」の何パーセント（％）なのか

（イ）その不良品の製造年月日は「いつ」なのか

問題描写記述の中に、数値が不明であったりする記述があれば、数値（たとえば、個数、％など）情報を収集し明確にします。

【ステップ4】時間軸で変化を探る

あなたは、次にこの問題がどのような時間的な流れの中で起こっているのかを知りたくなりました。そこで、過去にさかのぼって変化の兆しを調べてみることにしました。

- 「変化（変えたこと、変わったこと）」が逸脱を引き起こします。「変化」の特性とそれがいつ起こったかを知ると、その影響がいつ起こったかがわかります。「タイムライン」は重要な情報源です。

•「変化」（変えたこと、変わったこと）は「期待値からの逸脱の可能性のある原因」に関して仮説を立てることに役立ちます。
•何が変化して、逸脱を引き起こす可能性が生じるかに関しては、カテゴリーフォーカスを活用して変化を精査すればより具体的になります。カテゴリーフォーカスとは、変化を調べるときに用いる着眼点のことです（図表15）。

変化を調べてみると、次のようなことがわかってきました。

（ア）春頃：ダンボールの緩衝材を普及品に使い始めた
（イ）9月：自動梱包器を導入し2つの仕事をなくした。
（ウ）9月：樹脂の配送トラブルが起きた。配

■ 図表15　カテゴリーフォーカス

対象（物事）ー

次の何が変化して、問題を引き起こす可能性があるか？

- 人
- プロセス
- 設備
- 原料
- 環境／気候

人ー

次の何が変化して、問題を引き起こす可能性があるか？

- 職場環境
- 健康
- 家庭環境

送を一般配送業者に変えた。
（エ）10月：品質管理部門が職員教育を実施した。
（オ）12月：音質の不合格品が頻発
（カ）今年1月：最初の報告

［ステップ5］ あり得る原因の仮説を立てる

あなたは、いろいろと原因の仮説を考えることにしました。以下のような仮説が考えられました。

（ア）品質管理が音質の不良品に集中し、ケースの欠陥に気付かない。12月
（イ）品質管理の新しい従業員が仕事を学んでいる間、ケースの欠陥を許している。10月
（ウ）配達人が荒っぽく扱いすぎている。10月中旬
（エ）新旧の樹脂のサプライヤーのどちらかが質の悪い樹脂を送っている。9月
（オ）サボタージュを引き起こす、リストラや業務縮小による労働不安。9月初旬
（カ）新しい梱包器がダメージを与えている。
（キ）気候―恐らく北海道の11月～12月の寒い気候がひび割れの原因となっている。
（ク）何かまたは誰かが普及型スピーカー流れ作業部門で、ケースにダメージを与えている。

（ケ）新しいダンボールの緩衝材が十分な保護を与えていない。

・ここでは、間違ってもよいので、考えられる仮説を洗い出していきます

・**「わかっている変化」「あり得る変化」、そして「差異」という変化の情報をもとにして、「あり得る原因」を仮説化してみます。**日付を明確にしながら時系列的に具体的に細かく原因を考えてみます。

［ステップ６］あり得る原因を検証する

あなたは、考えられる仮説のリストを眺めながら、この仮説が成り立つのか検証することにしました。検証するに当たり、次のような考え方をすることにしました。

・「もしも○○が原因ならば、「ＩＳ（である）、及びＩＳ　ＮＯＴ（ではない）」の両方の説明がつくかを考えました。つまり、仮説にした原因が、「ＩＳ」に発生して「ＩＳ　ＮＯＴ」に発生していないことを矛盾なく説明できるかを点検して、矛盾があるものは消去していきます。

・可能性のある仮説について、すべて検証します。たとえば、今回のケースでは以下のような質問をしてみます。

（ア）「品質管理が音質の不良品に集中し、ケースの欠陥に気付かない。12月」という仮説は、

・なぜ高級モデルは問題がないのか？
・なぜ他の欠陥はないのか？
・なぜ関西は問題がないのか？
という疑問が残ります。
（イ）「配達人が荒っぽく扱いすぎている。10月中旬」という仮説は、
・なぜ、高級モデルは問題がないのか？
・なぜ、関西は問題がないのか？
・なぜ、もっと早い時期ではないのか？
・なぜ、大きな販売代理店だけなのか？
という疑問が残ります。

［ステップ7］最も可能性の高い原因を特定する

あなたは、すべての仮説を検証しました。
・すべての項目を矛盾なく説明できるものがあれば、それが最も可能性の高い原因ということになります。最終的に、「なぜ、そうなのか？」の質問がまったくなかったか、ほとんどなかった仮説が「最も可能性が高い原因」になります。

今回のケースでは、以下の２つが原因の候補として残ってきました。
（ア）気候―恐らく北海道の11月～12月の寒い気候がひび割れの原因となっている。
（イ）新しい段ボールの緩衝材が十分な保護を与えていない。
前記２つを組み合わせると、以下のような仮説が導き出されます。

「普及型スピーカーケースにのみ使用されている新しいダンボールの緩衝材が、北海道の寒い気候ではうまく機能しないのかもしれない（すなわち、ショックレジスタンスの故障、または断熱効果性の低下）」

【ステップ8】何らかの実証テストで、最も可能性の高い原因を検証する

あなたは、最も可能性が高い仮説が本当に根本原因かどうかを調べることにしました。このケースの場合は、次のような方法が考えられました。

- すべての欠陥は新しいダンボールの緩衝材にあるということを確認する。
- 特定の樹脂には関係がないということを確認する。
- コントロールされた実証テストで、積荷から現場への流れをシミュレーションする。

このように発生タイプの問題に対して、「デビエーション（逸脱）分析」を活用すると、論理

的に原因を究明することができ、解決方法が見えてきます。

◈ ②差異分析

差異分析は「最初から差があるタイプの問題」の原因を特定するためのツールです。この技法は「期待されている」業績レベルを再検討し、新しい業績レベルを実現するにはどうすればよいかを検討するアプローチになります。

それが妥当ならば、「問題記述」を作成します。期待されている業績レベルは、他との比較からも検討します（図表16）。

差異分析のステップとワークシートは、図表17のようにシンプルです。

ケースを使って差異分析の進め方を学習しま

■ 図表16　差異分析

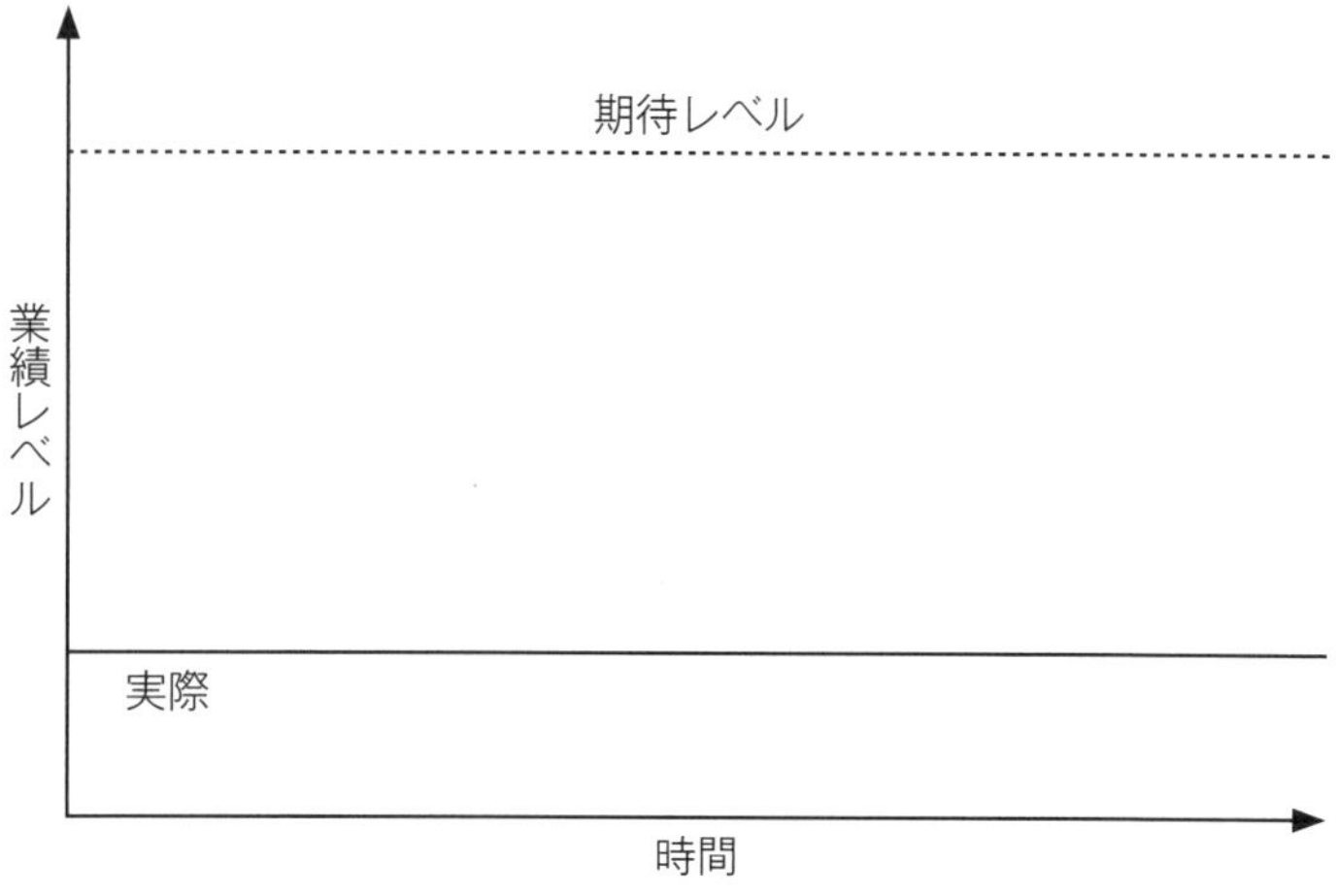

す。ケースは、データプロセッシング部署で起こった問題です。

【ケース】

あるマネジャーがデータプロセッシング部署を引き継ぎました。その部署には、非常に正確に生産性を測る方法があり、実際の業績は70％でした。マネジャーはまず注意深く期待されている業績レベルが現実的かどうか検討しました。このマネジャーは社内の別の部署が類似したプロセスに関わっていて、同じようなスタッフで、類似した設備を使用し、同じサービスを提供していることを知っていました。その類似した部署の生産性は90％の範囲のレベルでした。したがって、自部署の期待されている業績レベルは妥当なものであると確定され、そのマネジャーは次のような問題を提起しました。

「データプロセッシング部署の生産性が低い原因を確定する」

【解説】

マネジャーは現場でメンバーを集めて、差異分析のステップに従って原因分析に取り組みました。

■ 図表17　差異分析のステップとワークシート

[差異分析ステップ]

①問題記述を作成する

②期待されている業績レベルを確認する
- 期待されている業績を再検討する
- 類似した適用例を確認する

③成功している場所／システム／人との各々の差異を描写する

何が差をつけているか？

人　プロセス　設備　原料　環境

④最も可能性の高い原因を確定する

[差異分析ワークシート]

差異分析ワークシート

IS	描写する	IS NOT
現在の業績はどうであるかを描写する		現在の業績はそうでないが、どうなり得るかを描写する

人、プロセス、設備、原料、環境に関する「重要な差異」を並べる：

論理的な削除と証明によって、「最も可能性の高い原因」を確定する：

【ステップ１】問題状況を記述する

「データプロセッシング部署の生産性が低い原因を確定する」

【ステップ２】現在における実際の業績を確認して、期待されている業績レベルを再検討して設定する

この場合、期待されている業績レベルは、妥当なものでした。

類似した部署を探してみると、類似した部署が見つかりました。そして、その部署の実際の業績は自部署と異なっていました（図表18）。

【ステップ３】類似した適応例との違いを描写する

差異を見つけ出すチェックリストであるカテゴリーフォーカスによって、重要な差異を並べ、何が差をつけているかを検討します。

１つ非常に目立った違いがありました。ある設備の場所が異なっていたことです（図表19）。

【ステップ４】「最も可能性の高い原因」を確定する

業績の高い部署では、その設備は同じ仕事場にあったので、その場所に椅子を転がして行き

■ 図表18　業績比較表

IS	描写する	IS NOT
現在の業績はどうであるかを描写する		現在の業績はそうでないが、どうなり得るかを描写する
私の部門では 70%である		最も業績の高い部門では 90%である

■ 図表19　類似した適応例との違い

人、プロセス、設備、原料、環境に関する「重要な差異」を並べる：

- より経験がある社員
- それほど新しくない設備
- 少し高い学歴
- 設備の場所

来すれば良かったのですが、業績の低い部署においては、その設備はコーヒーラウンジの向こうの2つのオフィスを越えたところにありました。

業績の低い部署の人たちはオフィスを出て、離れた場所まで歩いて行くことで時間が無駄になり、そしてその途中で何らかの中断があったのです。

「最も可能性の高い原因」は時間のロスであるということがわかりました。

解決策は単純なものでした。必要な設備が主要な仕事場に再設置されることになりました。その結果、生産性は機能するレベルまで即座に向上しました。

◈ ③力の場（フォース・フィールド）の分析

「力の場の分析」は、複数の相互に関連する原因があり、どれか1つが原因であるという特定ができないような問題の分析をする場合に効果的です。特に、人々の行動変容が問題解決のカギを握っているような問題の場合、このアプローチによる分析が役に立ちます（図表20）。

「力の場の分析」のステップは図表21のようになります。

「力の場の分析」のワークシートは、図表22のようなものです。

ワークシートのウェイトは、**「規制力」**と**「推進力」**の力の強さを表します。最高10点です。

コントロールは、何らかの対策が打てるのかを判定します。当面、扱えない力は、「NC：Non Control」記号をつけます。つまり、コントロールできないということで対策検討対象から除外します。

ケースを使って「力の場の分析」の進め方を学習します。ケースは、「定例ミーティングの出席率」に関する問題です。

■ 図表20　力の場分析

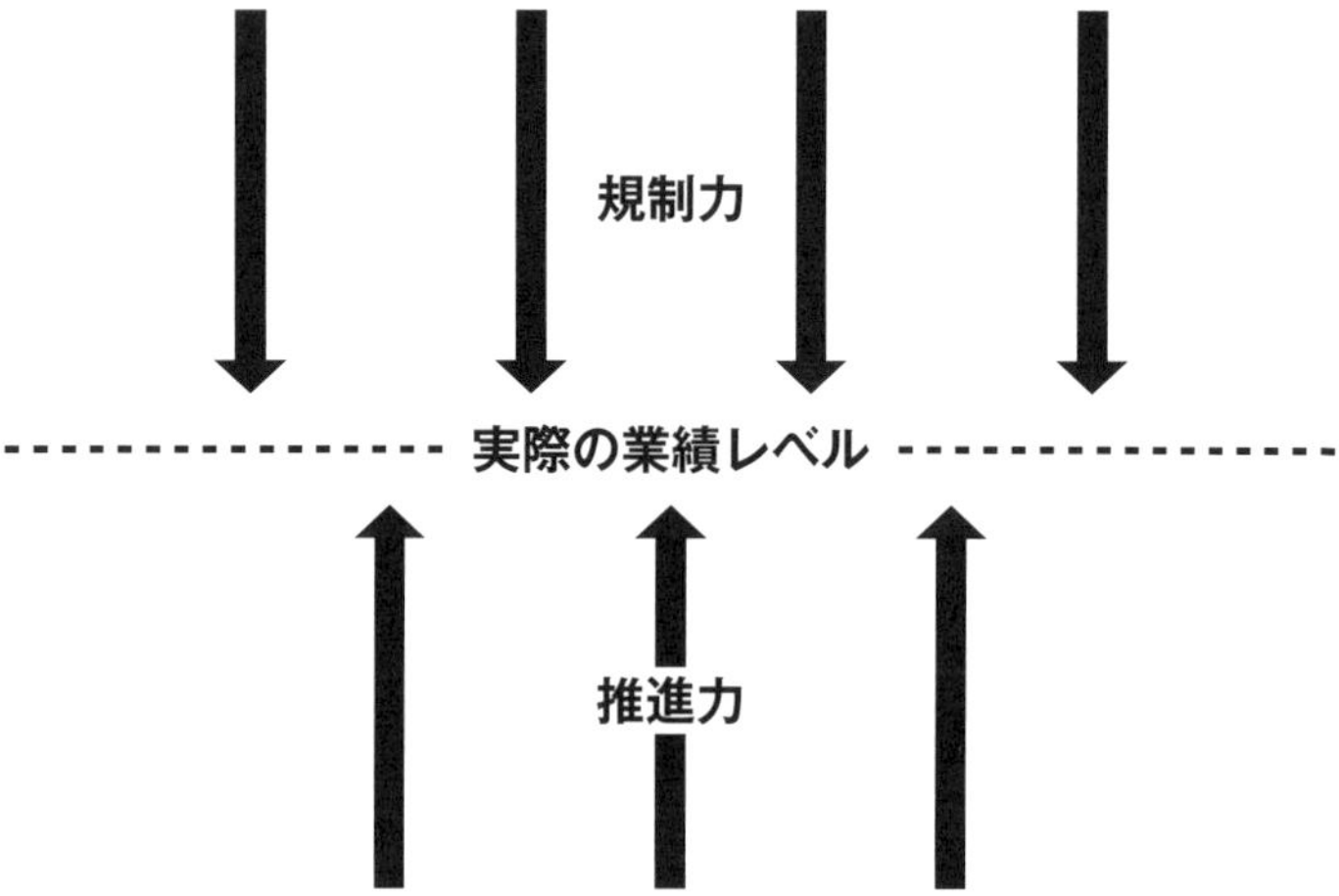

■ 図表21　力の場の分析のステップ

①現在の業績や目標を明確に描写する	現在の業績レベルと望ましい業績レベルを明確に描写する。望ましい業績レベルは「希望する将来の姿」である場合もある。
↓	
②推進力と規制力を明確にする	「推進力」は現状を望ましい業績レベルに押し上げようとする力のこと。「規制力」は変化に対応し、現状を維持しようとする力のこと。
↓	
③それぞれの力の強さを話し合いでウエイトづけする	「推進力」と「規制力」を数値で評価するプロセスが、関係者の認識を合わせることにつながる
↓	
④望ましい業績や態勢を記述する	ステップ４での望ましい業績は、問題分析の前に設定されていることもある。また、理想とする「将来の希望する姿」につながる中間目標として設定する場合もある。
↓	
⑤今後の活動を明確にする	「活用する推進力」と「排除する規制力」を明確にし、推進力であればどのように活用するか、規制力であればどのようにして排除または低減させるか、具体的なアクションを明確にし、今後のアクションプラン（活動計画）を考案します。
↓	
⑥アクションプランを考案する	アクションが明確になれば、今後のアクションプラン（活動計画）を考案します。

■ 図表22　力の場の分析ワークシート

現在の業績：　　　　　　　　望ましい業績：

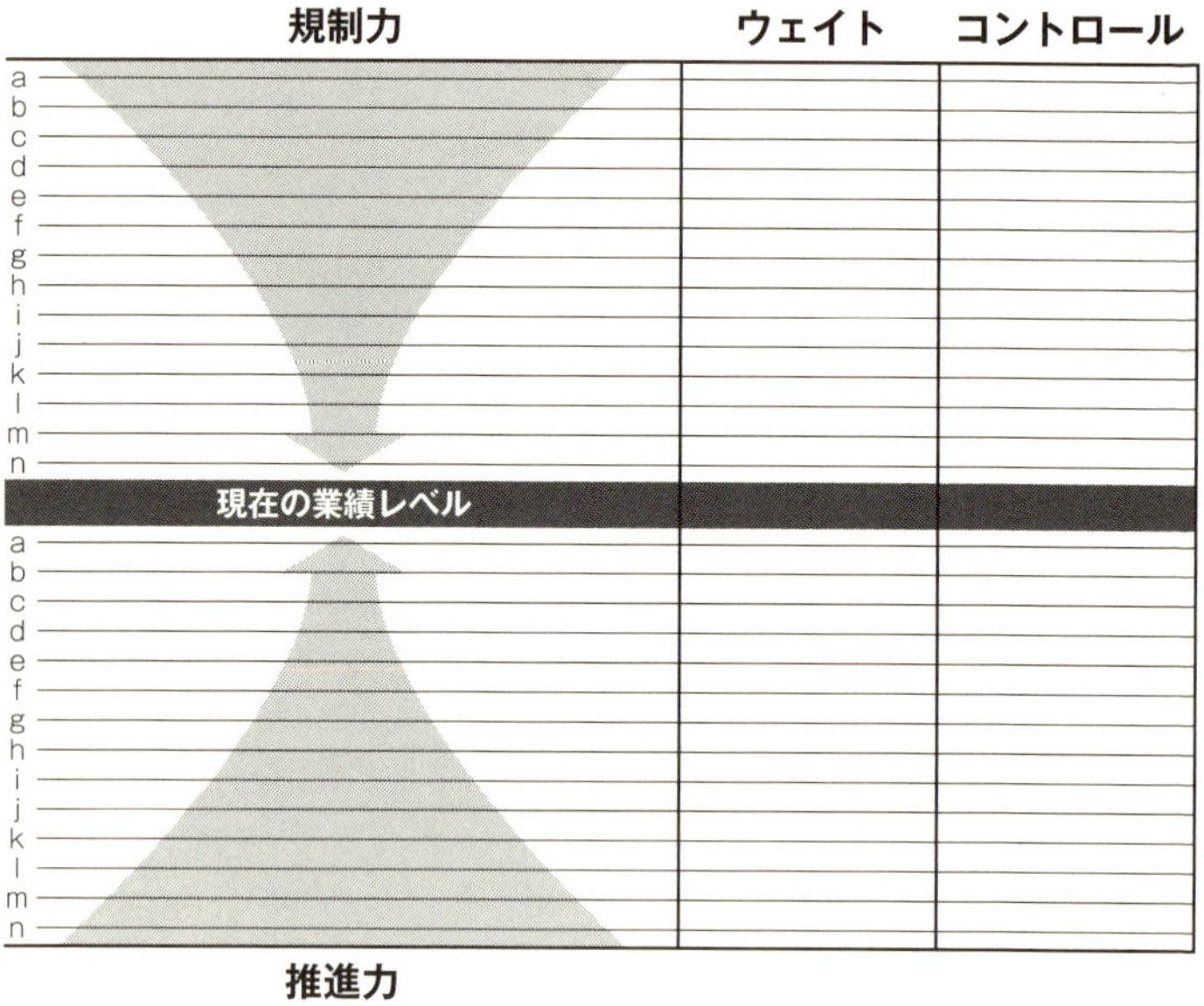

規制力
ウェイト
コントロール
a
b
c
d
e
f
g
h
i
j
k
l
m
n
現在の業績レベル
a
b
c
d
e
f
g
h
i
j
k
l
m
n
推進力

望ましい業績：

可能性のあるアクション

A．規制力を弱める／取り除く

それぞれの規制力をマイナスの影響が大きい順に検討し、それを減じるためのアクションをリストアップします。

B．新しい推進力を加える

望ましい業績に対して、ポジティブな効果を持つ、実行可能な新しいアクションをリストアップします。

C．存在する推進力を強化する

現在の推進力を検討し、その効果を向上させるために実行できるアクションをリストアップします。

【ケース】

ある定例的に行われている会合の出席率が思うように上がりません。事務局が期待している出席率は、メンバーの80％以上ですが、実際は平均で50％です。

この出席率を現状の50％から80％に持っていくために、どのようにすればよいかを考え、手を打つ必要があります。

このケースは、様々な要因が複雑に絡み合っていることが想定されます。

現状50％前後で均衡がとれているものを80％に持っていきたいので、「力の場の分析」を活用します。

【解説】

事務局メンバーで問題解決ミーティングをすることにしました。検討ステップは、次のようになります。

【ステップ1】現在における実際の業績レベルや、目標を明確にする

（ア）月に1回開催されている月次の例会の出席率は、約50％である。

（イ）出席率を80％まで引き上げる。

今回のケースにおける、「力の場の分析」の場は、出席率が50％という現状のことです。平均で50％ということは「50％以上の会もあるし、それ以下の会もある」ということです。そして、何らかの理由で出席率は毎回50％前後で均衡しているということです。

また、目標出席率が既に示されていますので、最初の業績レベルの確認でギャップが確認できます。

【ステップ2】現在の業績や実態に対して、その改善を「推進している力」と、その改善を「規制している力」を明確にする

ミーティングの結果、「推進力」と「規制力」が図表23のようにリストされました。

【ステップ3】それぞれの力の強さを、話し合いでウェイトづけする

ここでは、ウェイトづけすると同時に、ウェイトの大小に限らず、制御できる力かどうかを検討します。ミーティングの結果、次のような点数になりました。

〈規制力〉

- 参加する意味が各人にしっかりと認識されていない……9
- 時間の都合が合わずに参加できない人がいる……7

・定例会議にメリットを感じない人が多い……5

・他の会議で事足りると感じている人が多い……10

〈推進力〉

・幹部もこの会合に力を入れている……8

・新しい情報が仕入れられる……6

・他の部門の理解が深まる……5

ウェイトづけやコントロールできるかどうかを話し合うことはとても大切です。話し合うことによって、関係者の認知を修正したり、合わせたりすることができます。

このケースでは、NC（コントロールできない）はありませんでした。

■ 図表23　力の場の分析「ケース」

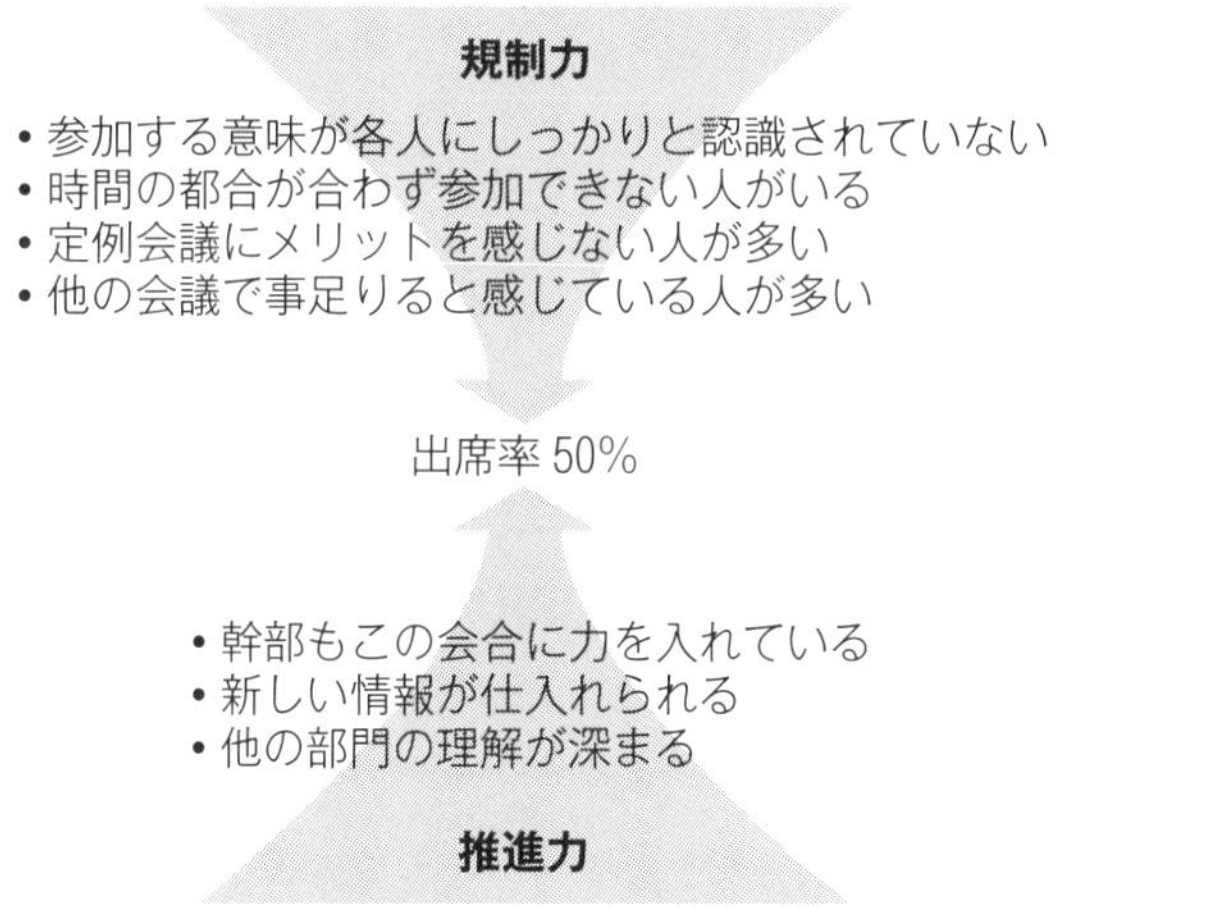
規制力
・参加する意味が各人にしっかりと認識されていない
・時間の都合が合わず参加できない人がいる
・定例会議にメリットを感じない人が多い
・他の会議で事足りると感じている人が多い
出席率 50%
・幹部もこの会合に力を入れている
・新しい情報が仕入れられる
・他の部門の理解が深まる
推進力

［ステップ４］次に、望ましい業績レベルや態勢を検討する

これは、出席者80％以上ということで設定されています。

［ステップ５］望ましい業績目標に導くような「今後の活動」を明確にする

事務局メンバーは、いろいろな解決策のアイデアを出すことにしました。最初に規制力を排除するアイデアを議論し、次に推進力を活用するアイデアを議論することにしました。

・規制力を減らす手段として、出されたアイデア

（ア）ミーティングの意味合いを徹底する

（イ）参加者を巻き込んでミーティングのあり方を検討する

（ウ）今までのような通達事項中心のミーティングではなく、もっと皆が討議できるようなものにする

・推進力を強化する手段として、出されたアイデア

（ア）毎回、経営幹部の代表に交代で出席してもらう

（イ）事前に、会合のトピック情報を通達しておく

均衡状態の場に変化をもたらすポイントは、まず「規制力」を減じることです。無理に新しい推進力を加えたりすると、それに対応する規制力が出現したりします。沸騰している鍋蓋を

外せば蒸気が出ていくように、規制力を外すことで希望する業績に向けて場が動き出すようにします。

このように、「力の場の分析」では、特定の問題について対して働くさまざまな要因を取り上げ、原因と解決策を考案していくことができます。

◈ ④システム・シンキング分析

システム・シンキング分析は、問題の全体像を把握していく技法として優れています。次のような場合の発生タイプによる問題解決には有効な技法です。

①問題が慢性的に繰り返し発生している場合
②問題が発生してから長時間が経過している場合
③構築した仕組みが時の流れと共に次第に劣化し始めた場合
④問題解決で打った施策によってますます問題が悪化した場合
⑤問題が全体に波及してしまった場合

システム・シンキング分析を、ケースを使って学習します。

【ケース】

郊外にある夫婦でやっている小さなレストランは、ご主人がフレンチの店で働いていた経験を活かし、こだわりのあるおいしいものを提供していました。当初は、ほとんどお客様が入りませんでした。しかし、おいしい食事に加え、奥さんは、人当たりがよく、来店するお客様との会話を楽しみながら店の経営をしていましたので、この小さなレストランの評判は、口コミで伝わり、次第にお客様が増えて行きました。

お客様の数が増えてくると、どうしても接客をしている奥さんは、お客様との会話をしながら接客することが難しくなってきました。そうすると、次第にお客様の数も減ってきました。

相談を受けたあなたは、問題解決に取り組んでみました。

【ステップ1】対象となる物事に関して、何が問題なのかを記述する

問題……来店客数の減少

ここでのポイントは、期待する目標と現状のギャップを明確にすることです。問題は具体的な対象と問題内容を可記述します。

［ステップ2］その問題である「来店客数の減少」に影響を与えると思われる要素（変数ともいう）を洗い出す

たとえば、次のような要素が出てきました。

（ア）来客数
（イ）仕事の忙しさ
（ウ）接客サービスの品質
（エ）お客様の印象
（オ）好意的な口コミ

［ステップ3］問題状況の全体像を描く

解決策を出す前に、あなたは問題状況の時系列変化をグラフにし、その変化に関係する要素の因果関係を描いてみることにしました（図表24、25）。

変化が同じ方向であれば（＋）、変化の方向が反対（逆）であれば（－）をつけます。因果関係図を描いてみると、その関係の仕方がわかってきました。

■ 図表24　来店客数の変化

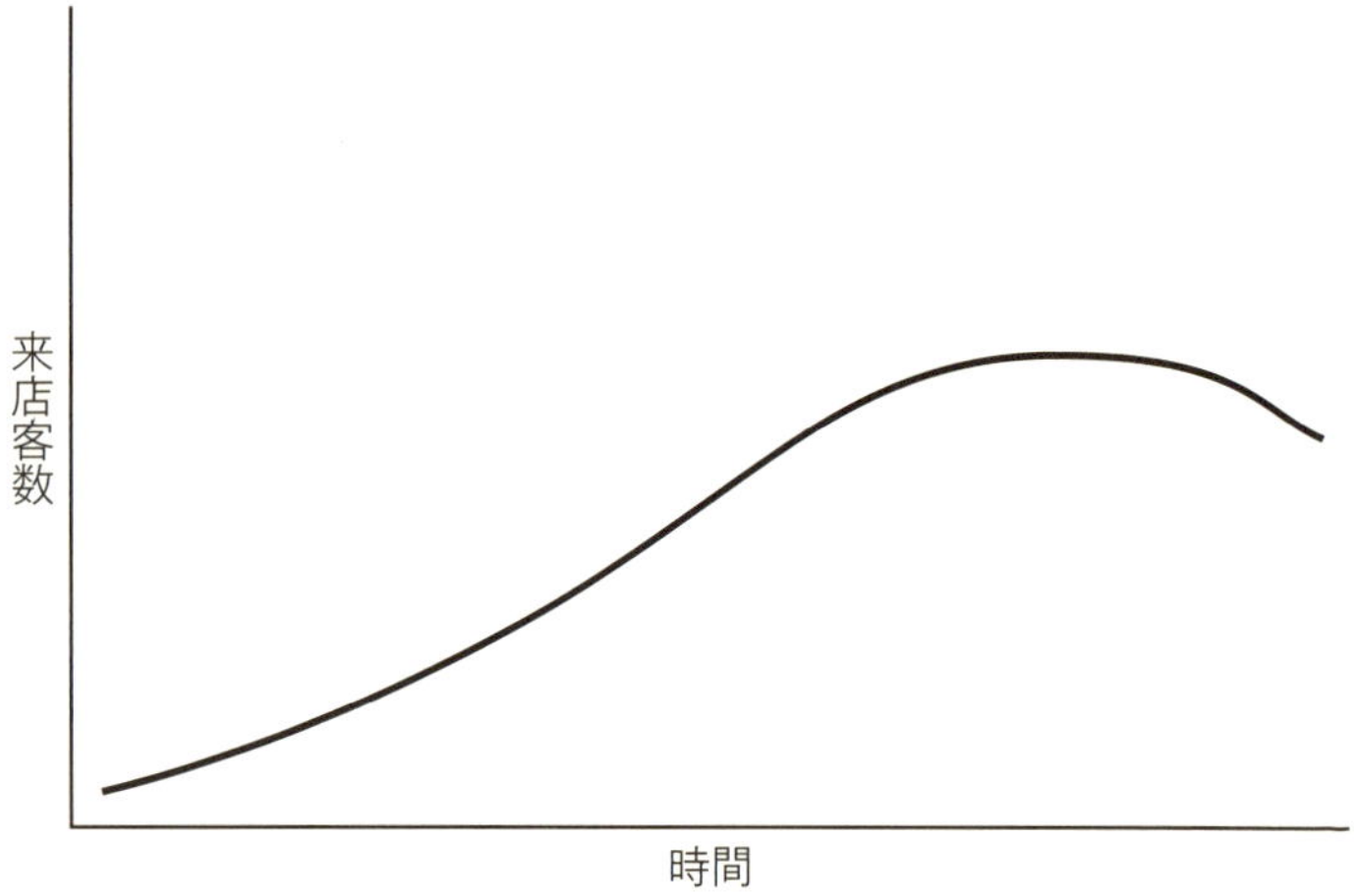

■ 図表25　問題に関係する要素の因果関係

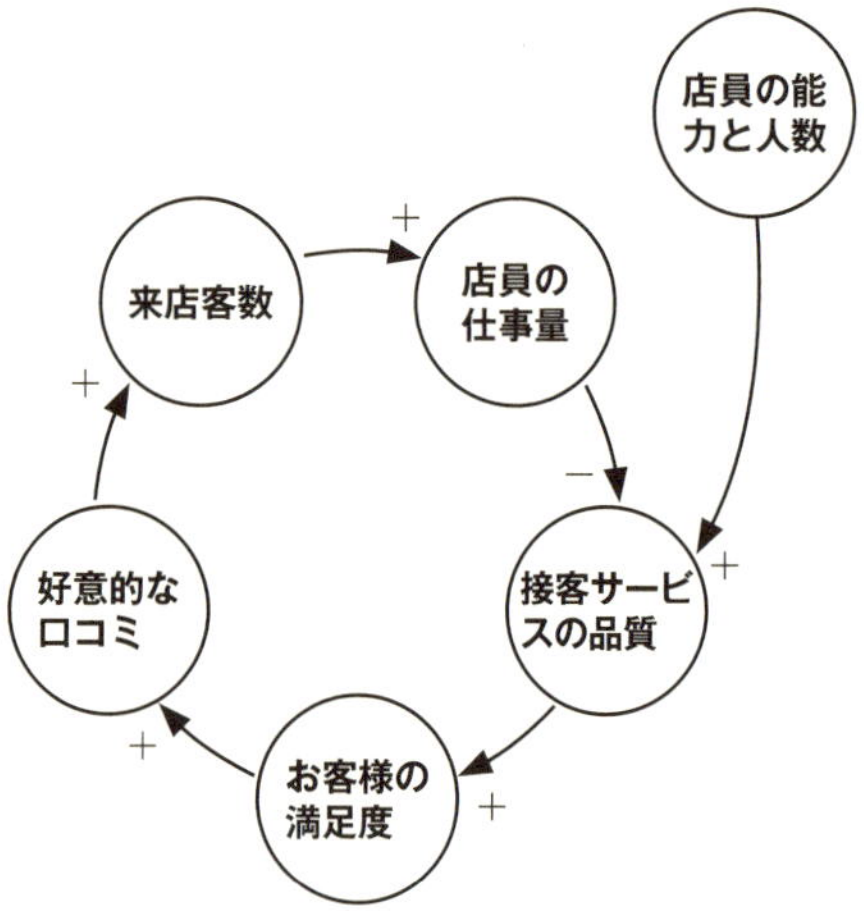

【ステップ４】問題を生み出すメカニズムを理解する

変化のパターン（来店客数グラフ）を眺め、要素間のつながりを「システムの構造」として把握し、問題を生み出すメカニズムを理解します。

因果関係図を眺めてみると、以下のようなことがわかってきました。

（ア）来店客が満足し、好意的な口コミが増えれば、来店客数はさらに増していく。

（イ）しかし、店員の能力と人数の限界（このケースでは奥さん）が接客サービスの質を限定する。

（ウ）奥さんの接客のキャパを越える来店客数になると、接客サービスの質の低下を招く。

来店客数の減少は、全体像を見てみると、「奥さんの仕事量の増加」が、「接客サービスの低下につながっている」ことがわかりました。

【ステップ５】効果の高い解決策を特定する

このケースでは、来店客数を増やすためには、「店員の増強」が必要となります。気の利く、奥さんのようなスタッフが必要となります。

または、お客様の数がある一定線を越えないような施策を打つという方法もあります。お客様の数がキャパを越えるとサービスの品質が下がり、さらにお客様が離れていく可能性があります。

そこで、

（ア）予約制を取り入れ、決まった数のお客様しか入れない

（イ）値段を上げて、お客様の数を減らす

などの手立てが考えられます。

システム・シンキングが必要とされる問題は、複数の要素同士が相互に連関している中で、問題の原因が要素そのものではなく、要素間のつながりやその相互作用に起因しているような問題を解決する場合です。

この場合、要素単独で原因が存在しませんから、要素における原因の特定自体ができません。またどこかの歪みに目を向けて強引に手を打つと、その影響が別の要素との関連に発生して二次的問題になってしまうことがあります。時にはこの二次的問題の方が重い問題に化けてしまうこともあります。

たとえば、「手術は成功したが、手術による体力低下とか二次感染とかで、かえって死期を早めてしまった」というようなケースです。この有名な事例としては、檜の伐採をやり過ぎた対策として一挙に杉の植林をしたら、新たに杉花粉公害が生じてしまったという例があります。

このような問題の解決アプローチは、特定の原因追及をあえて避けます。

- 問題に関係する一連の全体像を捉える
- 原因の関係性を把握する
- 全体の均衡を図りながらシステムが有機的に機能するような解決策を探っていく

というアプローチ方法をとります。この場合の解決や是正方法としては、単純に中心的な問題要素に対して、「力のバランスを調整する方法」と、物事の仕組みとパターンの全体を浮き彫りにした上で、そのパターンの傾向に対してシステムが問題を生じさせる状況を理解し、「システム全体を再構築していく方法」とがあります。

〈力のバランスを調整する〉

中心的な問題要素に対して力のバランスを調整する方法としては、あるソフトウェア会社での次のような例が挙げられます。

あるプロジェクトは、いつも納期間際になって、全員が徹夜に近い状況で仕事を仕上げます。このプロジェクトは、以下のような状況でした。

開発期間の途中で遅れが見え始めると、残業が始まります。すると、少し当初の計画に追いつくのですが、またまただんだん遅れ始めます。残業をすることで、疲れが増し、作業能率が低下してしまいます。つまり、「仕事が溜まる→残業→疲労→生産性の低下→終わらない仕事量（が増加）」というスパイラルに入ってしまっていました。そして、いつも納期間際になって、稼働がひっ迫し、徹夜になるという状況でした。

ここでの鍵は、「疲労」です。これを解消しないことには、改善は見られません。

〈システムを再構築する〉

物事の仕組みとパターンの全体を浮き彫りにし、システムを再構築する必要がある問題としては交通渋滞の解消が挙げられます。交通渋滞を解消する対策として交通容量の拡大がありますが、交通容量の拡大は主として道路整備や改良によって達成されます。

たとえば、そのような例として、「渋滞ポイントである交差点に右折車線が設置されるだけで渋滞がなくなる」ということがあります。しかし、このようなサービス向上は、同時に次のような状況を誘発することがあると言われています。

- 渋滞のイタチごっこ……渋滞交差点の改良は、その交差点に関しては効果的だが、その次に容量の小さい交差点に渋滞が移るだけ
- 転換需要の発生……道路ネットワーク整備により道路交通のサービスが改善されると、これまで自動車を使わなかった人が自動車を選択するようになる。

・新規需要の発生……運転をしなかった人が自動車を使うようになる。

このように交通渋滞問題は、物事の仕組みとパターンの全体像を浮き彫りにして、システム再構築に取り組まなければならない典型例です。

システム・シンキングに関して、詳しくは以下の文献を参考にしてください。

・『システム・シンキング』バージニア・アンダーソン、ローレン・ジョンソン著（伊藤武志訳　日本能率協会マネジメントセンター）

・『システム・シンキング　トレーニングブック』ダニエル・キム、バージニア・アンダーソン著（宮川雅明、川瀬誠訳　日本能率協会マネジメントセンター）

◈問題定義成功のポイント

ここで学習したことを整理します。問題定義における成功を確かなものにするためのポイントは、以下のようにまとめることができます。

①問題に直面したら、まずは「問題を定義し、原因分析」をすることが大切である。原因が

不明なときに解決策を見つけようとすることはばかげたことだ。

……例外は、分析に時間を割けない（すぐに行動を起こさないと間に合わない）ときだ。

②「何か新しい発見がなされた」あるいは「何か革新的なアイデアが見つかった」ときは、原因分析の「なぜ、なぜ」手法ではないアプローチが必要だ。

③関係者を関与させることで、原因分析の質が高まり、今後のアクションへのコミットメントが築かれる。

④受け取っている情報のクオリティを認識する。事実、推測、仮定、あるいは憶測のどれを扱っているのかを見極める。

⑤発生的で基準からプラスまたはマイナスの問題（逸脱）に直面したときは、「デビエーション分析」を使う。そうすれば、自信を持って1つか2つの原因に絞ることができる。

⑥最初から差があるタイプの問題に直面しているときは「差異分析」を使う。

⑦多様でかつ相互に関連している原因がある場合は「力の場の分析」、または「システム・シンキング分析」を使う。

⑧解決策の検討に進む前に「最も可能性の高い原因」を確認する。

2 解決創案

このプロセスでは、問題解決における創造性と、新しい機会を開発するスキルの強化につながるプロセスと技法を学習します。

「解決創案」の流れは、図表26のとおり、５つのステップになります。

問題に様々な顔があるように、解決へのアプローチにも様々な顔があります。解決に対するアプローチは、原因を分析していけば自動的に打つ手が明確になる「**処理タイプ**」と、解決策の結果を検証しながら最適解を選択していく必要のある「**処置タイプ**」の２つに大別されます。

また、解決策の案出においては、さらに両者共に「**活動思考**」による対策と、「**内省思考**」による施策の２つの解決策を検討することが成功を最大化するアプローチになります（図表27）。

活動思考と内省思考は、どちらもメリットとデメリットがあります。それぞれの「特徴と落とし穴」を参照してください。

■図表26　解決創案のステップ

① **解決すべき主題（関心ごと）を明確にする**	「解決すべき主題（関心ごと）」とは、「提案者（当事者）」が本当に解決策を見つけたがっている事柄です。
② **視野を広げる**	この段階では、「解決主題」を取り巻く環境に目を向けます。人は問題を出されると、すぐに解決策に走りがちです。視野を広げることが拙速な解決行動を防ぎます。
③ **解決すべき主題を明確に記述する** どのように…、または…する方法	「解決すべき主題」を記述することは、あなたが確実に適切な課題、もしくは優先度が最も高い課題に取り組むための、最善の方法です。
④ **解決のアイデアを生み出す** 創造的思考の技法を活用する	このステップでは、創造的思考を刺激するたくさんのテクニックがあり、単独でも組み合わせても用いることができます。
⑤ **解決策のリストを作成する**	解決策のリストのことを「グリーンリスト」といいます。グリーンリストは「提案者（当事者）」が実行可能な選択肢だと決定したアイデアが含まれています。

「活動思考の特徴と落とし穴」

活動思考とは、雨が降ってくれれば濡れないようすぐに傘を差すように、**問題が発生したら反射的に対策行動をとる対症療法の考え**を言います。

この思考の強みは、素早い反応、やり直しが利くというものですが、活動思考が強すぎると表面的な問題処理に終始して、真の問題を見逃してしまったり、もぐら叩きのように再び同様の問題が発生したりする可能性が高くなります。

「内省思考の特徴と落とし穴」

内省思考とは、先を見て二度同じ問題が発生しないように、**徹底的に要因を掘り下げて対策を打っていく原因究明的な根本治療の考え**を言います。

■ 図表27　問題解決アプローチ

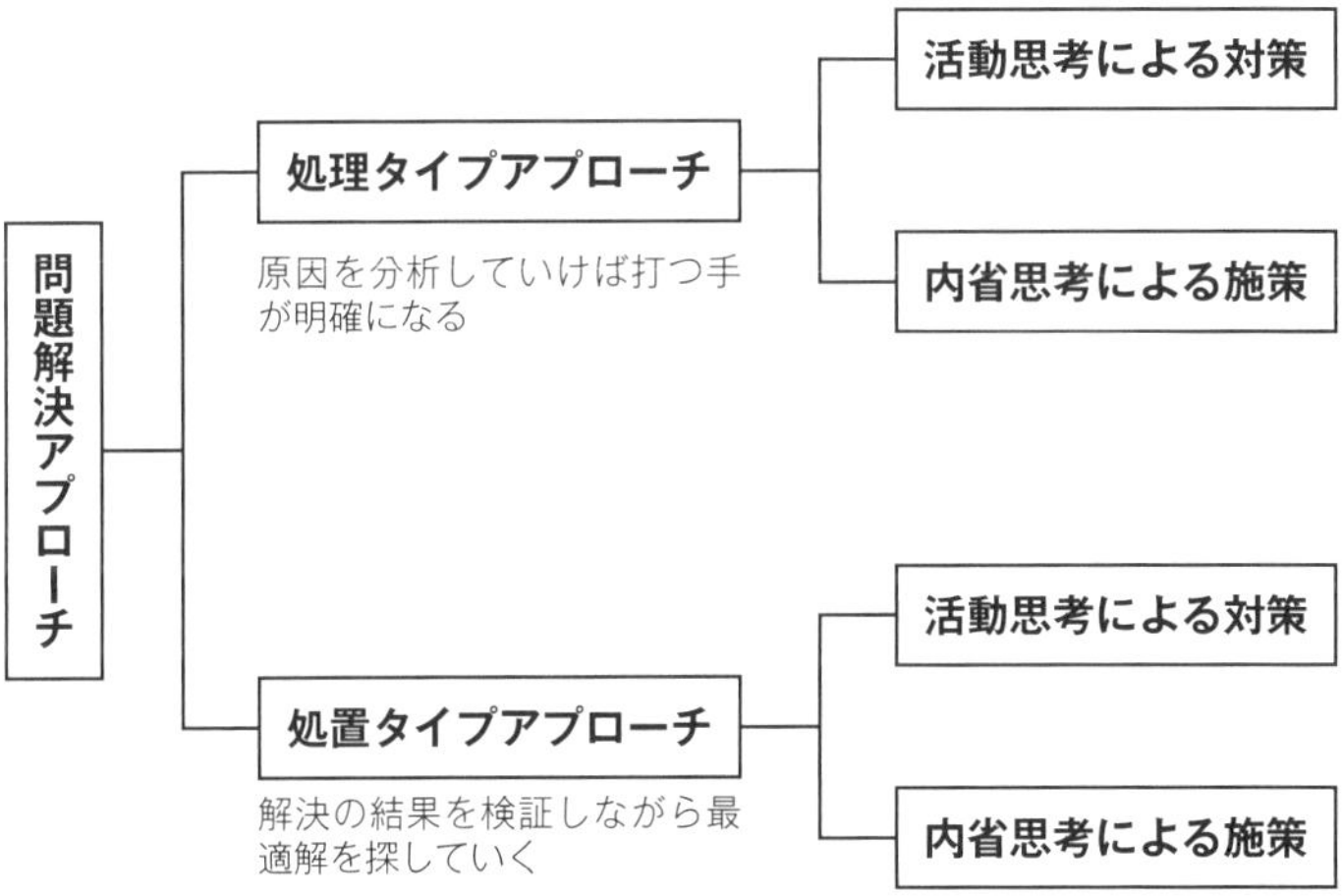

この思考の強みは将来起こりうる可能性を追求することです。しかし、内省思考が強すぎると、解決行動が手遅れになったり、内省しすぎて何でも自分の問題として背負い込んだりして、意識上の問題で終息してしまう可能性があります。

活動思考と内省思考のバランスはどのような問題解決アプローチにおいても大切です。このバランスを誤ると、問題解決策が一方に偏ってしまいます。たとえば、内省を強め過ぎると、問題の原因を総合関連的に捉えすぎて、思考過多になったり、あるいはすべてが人間の問題になってしまい、大幅なモラル低下を招いてしまうことになります。逆に、活動タイプを強め過ぎますと、表面的な対処策に終始し、真の原因を見逃してしまい、似通った問題が頻出してしまうことになります。

「解決創案」プロセスは、次のようなことを望むときに役に立ちます。

- 今よりも業績を向上させたい
- 開発的な問題にアプローチしたい
- 原因と結果ではなく、目的に向けての手段として問題解決に当たりたい
- 新しいアイデアや選択肢を多数生み出したい

- 以前とは異なることを発見するために、グループの創造的エネルギーを活用したい
- 新しい製品、プロセス、サービスのデザインや開発において躍進したい

◈解決創案の流れ

「解決創案」の流れを、以下の簡単なケースで学習してみましょう。

【ケース】
あなたは、ある部門のマネジャーです。最近とても多忙を極め、やらなくてはいけないすべてのことに十分手が回っていない状況です。何とかしなければと思っています。

【ステップ１】解決すべき主題（関心ごと）を明確にする

あなたは、問題意識を書き出してみることにしました

「やりたい仕事のすべてをするための十分な時間がない」

【ステップ2】視野を広げる

あなたは、いつもは活動思考で、「じゃあ、どうする」と考えがちな自分の思考を押さえて、視野を広げてみようと思いました。

「視野を広げる」段階は、「誰が、何、どこ、いつ、なぜ」などの解決主題についての、「情報を生む質問」をすることによって広がりのある情報が得られます。任意の質問として、「どの程度、どのくらいの頻度で、何かの制限はあるか」などがあります。

問題を起こしている可能性がある原因を書き出してみると、図表28のような図になりました。

【ステップ3】解決すべき主題を明確に記述する

あなたは、「視野を広げる記述」を見て、優先順位をつける必要を感じています。あなたが書き出した、「視野を広げる記述」は複雑で、もっと扱いやすいカテゴリーに分ける必要がありました。

分類方法として、次の3つの方法を採用しました。

（ア）第一の方法　視野の広がりで得た内容を分類して優先順位を付ける

（イ）第二の方法　視野を広げる記述そのものが変革課題を明確にしてくれる。

（ウ）第三の方法　視野を広げる記述が最初の「解決主題」とは異なる「真の問題」を明確に

■ **図表28　問題を起こしている可能性がある原因（例）**

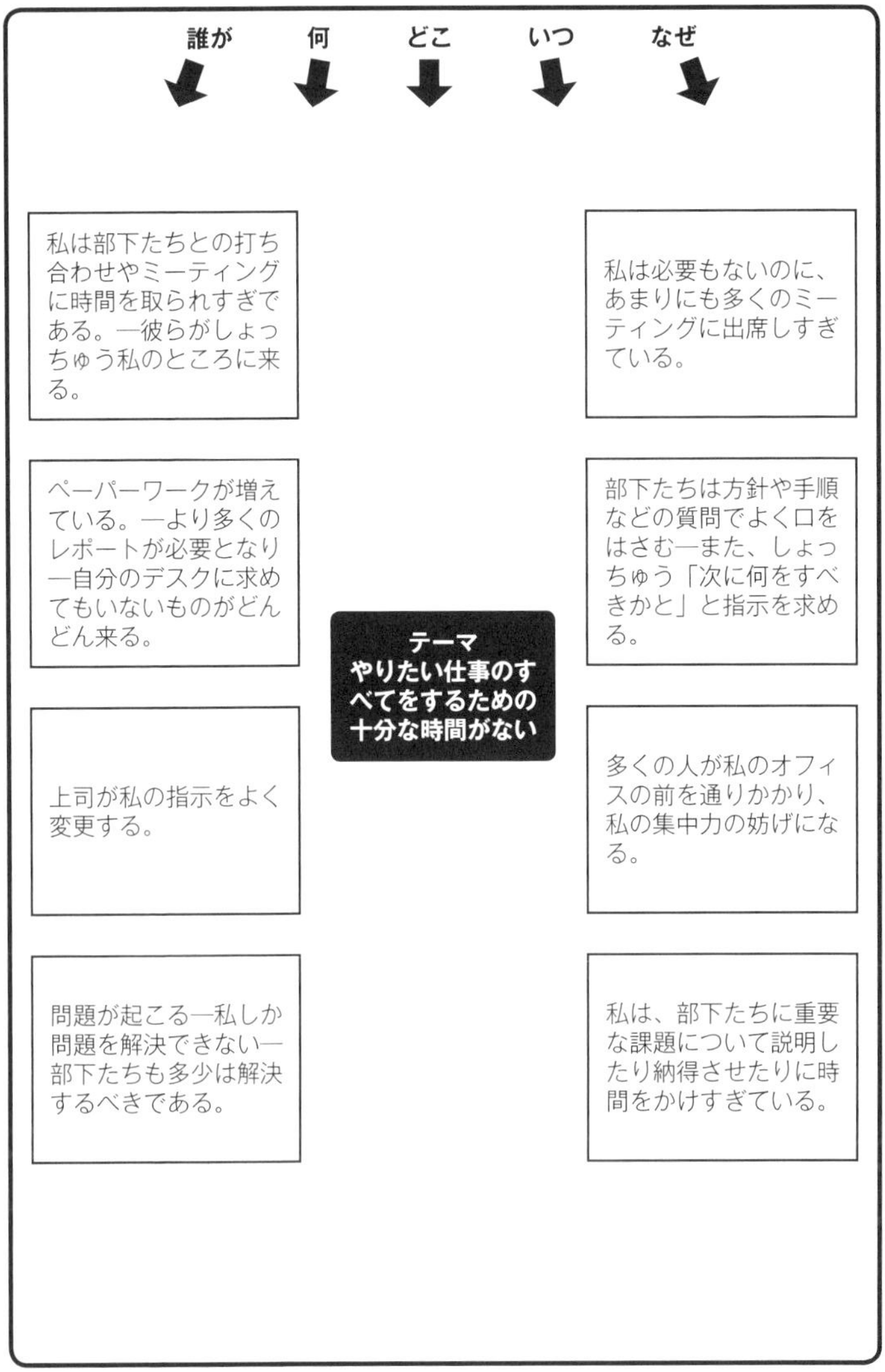
誰が
何
どこ
いつ
なぜ
私は部下たちとの打ち合わせやミーティングに時間を取られすぎである。─彼らがしょっちゅう私のところに来る。
ペーパーワークが増えている。─より多くのレポートが必要となり─自分のデスクに求めてもいないものがどんどん来る。
上司が私の指示をよく変更する。
問題が起こる─私しか問題を解決できない─部下たちも多少は解決するべきである。
テーマ
やりたい仕事のすべてをするための十分な時間がない
私は必要もないのに、あまりにも多くのミーティングに出席しすぎている。
部下たちは方針や手順などの質問でよく口をはさむ─また、しょっちゅう「次に何をすべきかと」と指示を求める。
多くの人が私のオフィスの前を通りかかり、私の集中力の妨げになる。
私は、部下たちに重要な課題について説明したり納得させたりに時間をかけすぎている。

するのに役立つ。

分類後、次の具体的な「解決すべき主題の記述」が出来上がりました。

分類A　部下たちと、より能率的で効果的な仕事の〝仕方〟を創り出す。

分類B　私の上司と、より能率的で効果的な仕事をする〝方法〟を生み出す。

分類C　どんなやり方で、私はより能率的で効果的に事務処理を行えるだろうか。

【ステップ4】解決のアイデアを生み出す

このステップは、発生タイプの問題の「原因分析」後に、真因を解決する際にも使えます。

このステップは、創造的思考を刺激するたくさんのテクニックがあり、単独でも組み合わせても用いることができます。ブレーンストーミングやノミナル・グループ・テクニックは最も頻繁に使われるテクニックです。

あなたは、いろいろな創造思考を刺激する技法を使って、問題解決してみようと思いました。

〈アイデアを生み出すガイドライン〉

あなたは、アイデア創出のガイドラインを参考に、チームのメンバーの助けを借りながら、ブレーンストーミング方式でアイデアを出すことにしました（図表29）。

■ 図表29　アイデア創出のガイドライン

①批評は先送りする

- 反対意見は差し控えなければならない
- 下手な考えというものなどはない

②自由気ままにして良い

- アイデアがとっぴであればあるほど、よりうまく創造的な策につながる

③量が求められる

- アイデアの数が多ければ多いほど、役立つアイデアが生まれる確率が高い

④組み合わせたり改善したりすることが求められる—ヒッチハイキング

- 参加者は自分自身のアイデアを寄せ、他者のアイデアを改善し、あるいはいくつかのアイデアを組み合わせて新しいアイデアにすべきである

⑤アイデアはチームのアイデア

- すべてのアイデアはチームプロセスから生まれるのだから、チームメンバー全員でその創作を共有する

⑥スピードが重要

- 速く書く
- 難航したときは、誰かからとっぴなアイデアを求める
- 物事を強いて関連づける
- 「カテゴリーフォーカス」を用いる

ブレーンストーミングによって出てきたアイデアは、図表30のようなものでした。

【ステップ5】解決策のリストを作成する

あなたは、たくさんの解決アイデアを絞り込むことにしました。

解決案のリストのことを「**グリーンリスト**」といいます。グリーンリストは「提案者（当事者）」が実行可能な選択肢だと決定したアイデアが含まれています

「提案者（当事者）」はアイデアのリストを見直し、明確にした後、それを評価します。これは「提案者（当事者）」とチームメンバー間の協働作業で行われます。

グリーンリストは、アイデア創出（ブレーンストーム）のさまざまなアイデアをまとめたり、組み合わせたりしたものになります。もちろん、アイデアがそのままグリーンリストに載ることもあります。

あなたは、「グリーンリスト」として図表31のようにまとめてみました。

あなたは、それぞれのアイデアを深く検討し、メリット・デメリットの両方を考慮して、実行するアイデアを選択することにしました。意思決定については、「第2章3　意思決定」で学習します。

解決創案のプロセスを終了したあなたは、ここで学習したことを整理することにしました。こ

■ 図表30　アイデア創出リスト

私の部下たちとより能率的で効果的な仕事の仕方を創り出す

「アイデア創出」—ブレーンストーム

- 部下がいつでも調べられるように、方針及び手順等のマニュアルを活用できるようにしておく。
- 連絡をいつでもとれるようにボイスメールを利用する。
- 方針／手順に関する質問に答えたり調べる責任を部下に持たせる。
- 方針／手順に関する質問に答えたり調べるために、毎週ミーティングを開く。
- 部下と何を削減対象にするかを明らかにする。
- 部下と優先順位を確立する。
- 部下と話をしない。
- 部下に会うのは午後２時から３時までの間のみにする。
- 部下が私なしで自分たちで問題を解決できるように、任せてよいものは任せる。
- 私の背中がドアに向くようにデスクの場所を変える。
- 部下が成長したい分野をお互いにトレーニングさせる。
- 皆が効果的に仕事をするために必要な情報を交換するための、朝の短いミーティングを定期的に行う。
- 部下と書面で目的をはっきりさせて、４週間ごとに見直す。
- あまりにも疲れたときは帰宅する。
- 中断されたくないときは、一人になるために会議室に行く。
- 中断されたくないときはドアを閉める。
- 皆とざっくばらんに情報交換したり、友好的で有益なチームワーク風土を作り、質問に答えるために、午前中に一緒にコーヒーを飲む時間をとる。
- 部下が邪魔したときは嫌がらせのメールを送る。
- 自分の努力によって、どのくらい時間を節約しているかを記録する。

■図表31　グリーンリスト

- 部下とはっきりした目的と優先順位を確立する。彼らが同意していることを確かめて、文書にしてもらう。
- 部下一人ひとりと４週間ごとに目的と優先度の見直しを行う。遂行を求め、不履行を首尾よく調査して援助する。
- 部下が私なしで自分たちで問題を解決できるように、任せてよいものは任せる。
- 中断されたくないときや人が尋ねてきてほしくないときは、ドアを閉めて電話をボイスメールに転送する。
- 皆とざっくばらんに情報交換したり、友好的で有益なチームワーク風土を作り、質問に答えるために、午前中に一緒にコーヒーを飲む時間をとる。
- 努力によって、どのくらい時間を節約しているか、そしてどの程度自分たちがより効果的に協働しているかを記録する。
- 私の背中がドアに向くようにデスクの場所を変える。

のプロセスは、自分一人で使うことができるが、他者を関与させることでより効果が高められることがわかりました。その結果として得られる相乗効果は、アイデアの質と量を最大限にしていきます。

◈解決創案成功のポイント

成功を確かなものにするためのポイントは、以下のようにまとめることができます。

①「ミーティングリーダー」は友好的で、形式張らず、明るくセッションを導いていくことが大切だ。

②当事者の関心ごとである「解決すべき主題（あるいは問題）」を書き出すことによって、問題の核心に近づくことができる。

③その「解決主題」に適切な問いかけをすることによって、関係がある情報を幅広く入手することができる。

④「幅広い、たくさんの情報」が得られたら、それを「分類し、優先順位をつけ、明確にし、あるいは真の問題を明確にする」ことによって、「解決すべき主題」の背景や関係してい

る原因を明らかにできる。

⑤「アイデア創出」テクニックを活用するときは、アイデアをたくさん出して、批評は先送りする。

⑥「グリーンリスト」の段階では、「当事者（この場合は私自身）」とチームが、アイデアを明確にして評価するために色々な意見を出し合う。当事者が実行可能な方策を選択する。

⑦問題解決の当事者は、チームにアクションと進行状況を知らせておく。

＊参考

開発タイプの問題解決には、論理思考アプローチではない思考法が求められます。これについては、第3章「問題解決における「個人」〜「思考法」と「観念の枠」」で紹介します。

3 意思決定

問題解決で非常に重要な行為が「**意思決定**」です。意思決定は、何をテーマにするかから始まり、どのような情報を収集するか、そしてどの解決策を実行に移すかまで、あらゆるところで問題解決に影響を与えます。

企業活動や社会的活動で思考結果を実践行動と成果に移行させる「決定」は、すべて「判断」か「意思決定」かによって生じます。決定を求める問題に対して、「判断」ができる問題であるか、「意思決定」が求められる問題であるかは、現場での実践行動を起動することに深くつながります。

問題解決における「判断」は、必要事実がすべて集まり、事実状況が明確となった段階で決定される内容のことをいいます。「事実」とは証拠があって、立証可能な内容です。たとえば、処理タイプの問題はそのほとんどが既存の事実の組み合わせによって成り立っている技術的な不具合ですから、どこかに何らかの事実に起因して生じた「原因」があり、その原因を論理的に追求していけば「判断」がつく問題です。

したがって、**判断は論理的思考の産物**です。具体的には、「機械に不具合が出る」「不良品が多い」「ムダやムラや無理が生じている」といった一定の期待値が事前にあって、それに達していないといった問題です。ですから、すぐに処置をとることや現場において一定の基準線に満たないものを期待値まで引き上げることが施策として自動的に浮かび上がってきます。この場合は、適切な解決策を選択し、実際に手を打つことによって問題を失くせば良いわけです。

これらは現状維持という目標のために欠陥や歪みを埋めていく問題、統制上要求される問題解決と言うこともできます。普段の職場や仕事の中で発生する日常行為的な問題のほとんどはこれに当たります。

「判断」は単独による結果であってもまた誰においても論理的に導き出される決定ですから、概ね異存なく実践行動に移行されます。多少トップダウンでも文句や抵抗は出ません。

一方、**「意思決定」とは、必要事実が全部集まらない場合や事実状況が不明確な場合において、その状況を前提で決定を下す内容のことをいいます。**「**決断**」とも称されます。たとえば、開発タイプの問題は複数の事実が複雑に折り重なっていたり、人間の心理的側面という要素が入り込んでいたりして、事実や事実関係が掴みにくく、「準事実」の検証とその積み重ねが求められます。「準事実」とは、「推論」の中でも根拠となるデータが多く事実に近い内容をいいます。この場合、事実による根拠が足りないわけですから、原因を追求することはできません。

また設定タイプの問題では、現状では既に基準や標準は満たしているか、あるいは次の段階での基準や標準を正しく設定し切れない中で、今よりも向上していくために改善を期待する内容になります。これは未来予測的な状況の中でいくつかの兆候は見ることができるが、それが未来の出来事と明確につながっていない状態ということになります。

こうなりますと、事実自体がありませんからすべてを準事実で構成するということになります。また、事実としての因果関係が存在しませんから、分析的なアプローチは意味をなしません。**現実の組織における活動の多くは、こういった内容の問題が占めています。このような場合は複数の可能性を持った解決策の中から選択することが必要となってきます。**

たとえば、「最近小型ラジオを持ってピクニックに行く若者が増えているが、音楽をもっと手軽に、好きなときに聴けるようにするにはどうしたらいいだろうか？」というような問題です。プレーヤーが部屋の中に鎮座ましましている状況が当たり前と信じている人たちからは、「音楽を屋外で手軽に聴く機器」という発想は出てこないでしょう。

発生タイプでも処置として複数の選択肢がある場合、そして設定タイプの問題においては、**正**

解が存在しない中でその問題解決に向けて「最適解の選択」をすることが必要となります。これらはすべて意思決定となる問題解決のプロセスとなります。

そして、意思決定には常にリスクが伴います。選択決定タイプの場合、却下した選択肢が、実際には選択したものよりも優れていたということはよくあることです。また、未来を予測することは元々困難なことですから、要求通りの結果にならないということも多々あります。

したがって、他者からの賛成や支持を勝ち取らなければならないときや、絡み合う個人的な事情が意思決定のプロセスに関わるとき、また決定する内容が曖昧で注意を要する場合には、意思決定されたことの実行を確実なものとするために、意思決定のタイミングを重視し、意思決定者がそのプレッシャーから逃避し意思決定を避けるという状況をつくらないようにすることが求められます。

◈意思決定の2つのタイプ

このような意思決定の過誤を避けるためには、意思決定プロセスを注意深く扱う必要があります。**意思決定プロセスには2つのタイプがあります**（図表32）。

1つは**形式化され組織だった合理的な決定プロセスによって可能な限り論理的に最善となる**

選択肢の合意形成を行うことです。そして、もう1つは、**試行錯誤を繰り返すことによって決定事項の選択肢や内容を絞り込んだり、修正追加したりすることによって、論理を段階的に組み立てて最善な解決策に近づける**ことです。

意思決定の領域では、この「**選択決定タイプ**」と、トライアンドエラーを繰り返しながら徐々に最適化していく必要がある「**試行錯誤タイプ**」のどちらかを見極めなければなりません。

このプロセスでは、「選択決定タイプ」の意思決定に焦点を当て、「選択肢」の中から実行可能なアイデアを選ぶプロセスを学習します。このプロセスは、論理的及び創造的テクニックの両方を活用します。さらに、2つ以上の方策を実行する可能性があるときに、「選択肢」のランク

■図表32　意思決定の2つのタイプ

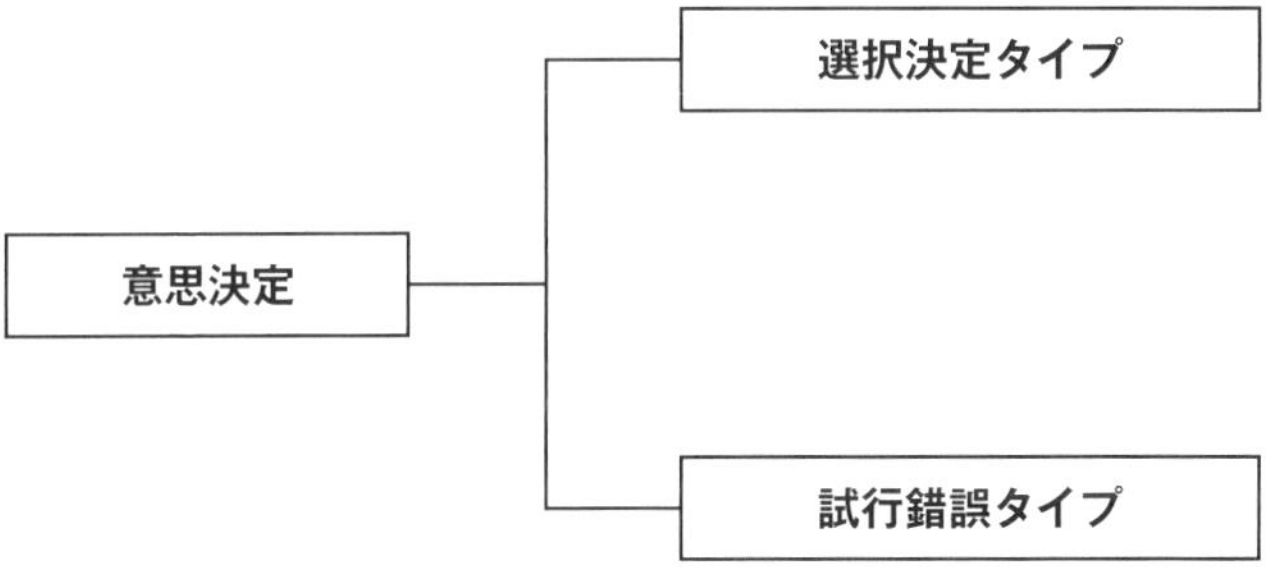

づけを行います。

このプロセスは、個人やチームの思考スキルを向上させ、情報を収集、整理、分析して、可能な限り最善の決断を下すことに用いられます。

選択決定の展開ステップは、図表33のようなものになります。それでは選択的意思決定の展開を学習していくことにします。

判断基準を考える際には、キーワードチェックリスト（図表34）が参考になります。

◈意思決定の流れ

以下のケースにより、意思決定プロセスを学習します。

> **【ケース】**
>
> あなたは、購買部門の責任者です。会社で使う、新しいノートとラベルの選定をしなくてはなりません。

■ 図表33　意思決定のステップ

①決定すべきことを明確に記述する	あなたがやり遂げたいことを明示します。「何のため」に「何」を「どうしたいのか」を表現します。
↓	
②考慮すべき選択肢を明確にする	実行可能なすべての選択肢を明確化します。選択肢が明確になればなるほど、判断基準も客観的で論理的になっていきます。
↓	
③選択肢を分析し、評価するための判断基準を考察する	選択肢を分析し、評価するための選択基準を考案します。絶対に譲れない選択基準である「足切り項目」とその他の判断基準を明確にします。
↓	
④判断基準のバランスに注意する	偏った決断や歪んだ決断にならないように、判断基準のバランスに注意します。追加すべき判断基準や組み合わせる判断基準、分割すべき判断基準を検討します。
↓	
⑤判断基準をウェイトづけする	選択肢である解決者に対して、判断基準をウェイトづけします。関係者の話し合いで点数を決めます。
↓	
⑥選択肢を判断基準と比較して最終的な選択をする	判断基準の点数を基に、選択肢を比較します。
↓	
⑦最終的な選択をする	

■ 図表34　判断基準を考えるキーワードチェックリスト

お金

- □資金
- □コスト - 固定または変動
- □収益または利益
- □出費

構造

- □ユニット、機能、人との間の関係
- □公式と非公式の組織構造
- □責任の委譲
- □コミュニケーション
- □コーディネーション

人

- □態度
- □能力
- □業績レベル
- □育成素質
- □安全と健康
- □責任

原料

- □資源の利用可能性
- □クオリティ（質）
- □倉庫
- □取り扱い

アイディアとプロセス

- □安全
- □所有者の地位
- □適応性

アウトプット

- □質
- □量
- □納期

自己

- □優先度と目的
- □強みと弱み
- □満足と興味
- □家族と友人

外的要因

- □競争
- □法的な要因
- □国の法規
- □経済トレンド
- □企業イメージ

設備と用具

- □スペース
- □場所
- □柔軟性と適応性
- □合致性

【ステップ１】決定すべきことを明確に記述する

あなたは、決定すべきことを文章にすることにしました。

「ノートとラベルを選択するときに、どの会社の製品を選択すべきか」

【ステップ２】考慮すべき選択肢を明確にする

あなたは、選択肢として、Ａ社・Ｂ社・Ｃ社・Ｄ社・Ｅ社の製品をピックアップしました。

当たり前のことですが、選択肢がないと意思決定できません。問題解決では、検討できる複数の解決案を用意することが大切です。

あなたは、意思決定マトリックス表（図表35）を使って、情報を書き出していくことにしました。

【ステップ３】選択肢を分析し、評価するための判断基準を考察する

あなたは、判断基準を考案するに当たり、どうしても譲れない項目から決めることにしました。

「足切り項目」とは、選択肢が考慮されるにあたって、なくてはならない測定可能で絶対の必要条件です。「足切り項目」は、現実的でなくてはなりません。

足切り項目として、以下を決定しました。

■ 図表35　意思決定マトリックス

決定すべきこと：

Wgt ＝ウェイト
Sc. ＝スコア

選択肢

足切り項目： 選択基準		選択肢A			選択肢B			選択肢C			選択肢D			選択肢E		
	Wgt		Wgt	Sc		Wgt	Sc		Wgt	Sc		Wgt	Sc		Wgt	Sc

（ア）ノートとラベルの両方とも同じ業者のものにする
（イ）５週間以内の配送
たとえば、この「足切り項目」によって、ＤとＦが納期面で「５週間以内では無理」ということがわかれば、この時点で除外されました。

その他判断基準として、次の項目が選ばれました。
（ア）ノートとラベルの品質
（イ）コスト
（ウ）サポートサービス
（エ）パンチで穴が開いていない書類も収納できる
（オ）できるだけ早い配達

［ステップ４］偏った決断や歪んだ決断にならないように判断基準のバランスに注意する

あなたは、「バランス見直し」チェックリストを参考にして、追加すべき判断基準や組み合わせる判断基準、分割すべき判断基準を検討しました（図表36）。

［ステップ5］判断基準をウェイトづけする

前記5つの判断基準にウェイトづけをします。0～10までの点数を記入していきます。

各「選択肢」の特徴を数量的に比較できるように、「判断基準」にウェイトと評価点を定める必要があります。ここでのポイントは、関係者の認識を合わせることです。話し合いでは、いろいろな認識が点数として出てきます。最初は、バラバラな点数かもしれません。ブレーンストーミングのガイドラインを思い出して話し合いを進めてください。

あなたは、関係者を集めて判断基準に基づく評価のミーティングを実施することにしました。そこで、次のように点数のつけ方を説明しました。

- 最初に、最も重要な「判断基準」を10点と

■ 図表36　バランスの見直し

- **何か判断基準を追加すべきか？**
  ①利害関係者の意見は入っているか？
  ②決定の結果生じる不利益を考えているか？
  ③決定の結果生じる間接的な利益を考えているか？
- **何かの判断基準を組み合わせるべきか？**
- **何かの判断基準を分割するべきか？**

します。それから、他の「判断基準」を最も重要な『判断基準』と比較して、相対的な評価点を定めます。

• スケールの完全さを保つため、少なくとも１つは10点を割り当てなければなりません。スケールのバランスも考慮します。すべての「判断基準」が同じくらい重要だというのは、とてもおかしいことです。

「サプライヤー選択」例では、「ノートとラベルの最高品質」は最も重要な「判断基準」と判断されて10を割り当てられました。「最低のトータルコスト」は「品質」よりも30％ウェイトが低いと判断されて「７」を与えられました（図表37）。

【ステップ６】選択肢を判断基準と比較して最終的な選択をする

このステップで最初にやることとは、「○、×テスト」としての足切り項目をパスしなかった「選択肢」を確認し、なぜ「足切り項目」のテストに失敗したのかを記入しておきます。

それから残りの「選択肢」を「判断基準」に照らして比較します。10点スケールをここでも使用し、「選択肢」が各「判断基準」をどのくらい良く満たしているかを評価します。「判断基準」を最も良く満たしている「選択肢」のウェイトが最も高くなります。ここでも、ブレーンストーミングのガイドラインを思い出して話し合いを進めてください。

■ 図表37 「足切り項目」と「選択基準」を入れたマトリックス表

足切り項目： 両方とも同じ業者 定評のある品質 地元のサプライヤー（　　地方） ５週間以内の配達 選択基準		A			B		
	Wgt.		Wgt.	Sc.		Wgt.	Sc.
ノートとラベルの最高品質 （印刷、材質、構成、など）	10						
最低のトータルコスト	7						
最高の技術とサポートサービス	6						
パンチが入っていないもののしまいやすさ	4						
できるだけ早い配達	3						
余分な在庫の保管を進んでする精神 ２色のプラスチックが望ましい	2 2						

あなたは、もう一度点数のつけ方を説明しました。

最初に、各「選択肢」を「判断基準」と比較してください。「判断基準」を最も良く満たしている「選択肢」は10点が与えられます。とりわけウェイトが高い「判断基準」に対しては、「選択肢」のデータは正確であるようにしてください。

それから、10点の「選択肢」からどのくらい違うかを基にして、他の「選択肢」のウェイトを定めます。10点スケールの使用によって、「選択肢」間でのパーセントの違いという意味で考えることができます。たとえば、もしある「判断基準」において、「選択肢B」の望ましさが、10点を取った「選択肢A」よりも約20パーセント低いと決めれば、Bには８点を与えます。

ステップ５で「判断基準」を比較検討したときに縦の指標上で行ったように、横の指標上に少なくとも１つは10点がなければなりません。このことがスケールの完全さを保ちます。

意思決定マトリックスの選択肢の縦の欄を使い、判断基準ごとに必要な選択肢の情報を記入します。たとえば、「選択肢A」の「ノートとラベルの品質」という判断基準の欄には、「素晴らしいプリント、良いリング、硬いカバー」という情報が記載されています。

図表38のような、意思決定マトリックスが作成されました。

■ 図表38　選択肢の情報が入ったマトリックス表

決定すべきこと：ノートとラベルのための最も良いサプライヤーを選ぶ

Wgt ＝ウェイト
Sc. ＝スコア

選択肢

選択肢の情報

		A			B		
足切り項目： 両方とも同じ業者 定評のある品質 地元のサプライヤー（　　地 ５週間以内の配達 選択基準		○―パス			○―パス		
	Wgt.		Wgt.	Sc.		Wgt.	Sc.
ノートとラベルの最高品質 （印刷、材質、構成、など）	10	素晴らしいプリント、良いリング、硬いカバー	10	100	素晴らしいプリント、良いリング、柔らかいカバー	8	80
最低のトータルコスト	7	¥450／セット	9	63	¥400／セット	10	70
最高の技術とサポートサービス	6	素晴らしいアイデア 傾聴する 素晴らしいバックアップ	10	60	アイデアなし まずまずのバックアップ	3	18
パンチが入っていないもののしまいやすさ	4	良いサイドポケット	10	40	良いサイドポケット	10	40
できるだけ早い配達	3	５週間	8	24	４週間	10	30
余分な在庫の保管を進んでする精神	2	いいえ	0	0	はい	10	20
２色のプラスチックが望ましい	2	はい	10	20	いいえ	0	0
		トータルスコア			トータルスコア		

【ステップ7】最終的な選択をする

この最終ステップでは、「選択肢」の評価を完成させ、選択を行います。「判断基準」のウェイトにそれぞれの「選択肢」に与えられたウェイトを掛けて、それを「スコア欄」に記入します。「トータルスコア」を出すためにそれぞれの「選択肢」のスコアを足して下さい。通常、最も「トータルスコア」が高い「選択肢」があなたの最善の選択になります。もし、「トータルスコア」が同点の場合は次のような見直しをします。

（ア）最初にデータ、定めた数字、そして計算をダブルチェックし、計算間違いをしていないか確かめる。
（イ）別な、新しい「判断基準」がないか探る。
（ウ）現在使用しているより優先度の高い「判断基準」を基に決定する。

◈意思決定成功のポイント

ここで意思決定のプロセスで学習したことを整理することにしましょう。可能な限り最善の選択をしたいとき、決定が重要で複雑な時は「意思決定」プロセスを用いるメリットがあることがわかりました。また、他者のインプットが決定の質を高めるときや、コミットメントが必要なときは、彼らを「意思決定」プロセスに関わらせることが重要であることを理解しました。

成功を確かなものにするためのポイントは、以下のようにまとめることができます。

①「決定すべきこと」が適切で明確な記述になっているかを確かめる。ここが不明だと、何を意思決定していいのか曖昧になる。

②解決策としての「選択肢」を明確にする。1つの選択肢で、いきなり「どうする：How思考」にいかないこと。

③「足切り項目」はとてもパワフルなので、注意して選ぶ。

④「判断基準」は、本当に望んでいることを反映するように言い表す。「判断基準」のバランスも注意深く見直す。

⑤決定に影響を受ける人たちの見解を、確実に考慮して、注意深く「判断基準」をウェイトづけする。とりわけ高いウェイトの「判断基準」に対しては、「選択肢」に関するデータを集めてより確かなものにする。「選択肢」を比較しているときはチーム全員でウェイトづけを検討する。

⑥徹底的に分析を見直し、「選択肢」間でもっと良い改善の機会がないかを考え、最終選択をする。

4　実行計画

解決策の実行では、その実行によって二次的に連鎖して生じる問題や、突発的に生じる問題を想定した取り組みが成功を最大限に導きます。つまり、**実行に伴う不測事態への対応計画を十分に検討しておくことが大切**です。

どんなに質の高い施策を得ても、同じくらい質の高い行動が実践されないと問題解決は成功とは言えません。特に新しいことや今までと異なること、非日常的なことに取り組むときには二次予測のプロセスは必要不可欠と言えます。

このプロセスでは突発を予測し成功を最大限にする計画プロセスを学習します。「実行の問題予測」プロセスは、「創造的問題解決」「原因分析」「意思決定」を組み合わせたものです。「実行の問題予測」には2つのタイプがあります。

①自らが動き始めることの連鎖として、当初から意識的に予測できる発生的な問題
②予測が立たない無意識的、或いは潜在意識的な中で、突発的に発生する問題

この実行計画プロセスでは、実行の質を高めるためのワークシートの使用法も学習します。

①「実行の問題予測ワークシート」
②「計画ガイドライン」
③「アクションプラン」

問題解決を成功させるには、質の高い対策を得ることは大切ですが、それは全体の半分に過ぎません。なぜなら質の高い行動力が伴わなければ、成功しないからです。

対策の質×実行の質＝成功！

実行段階での問題の予測に対するバリアーの1つは心理的なものです。
「これは私の計画なんだから、失敗することなどない」というものです。

実行段階での問題の予測は、他者からはマイナス思考と言われることがよくあります。現実には、このプロセスはマイナス思考ではなく、「理知的」なのです。

実行の問題予測は未来思考であり、未来に対する思考のシミュレーションになります。「実行の問題予測」を多く行う組織は、普通は「原因分析」をほとんど行う必要がありません。なぜかといえば、将来起こる可能性に対してさまざまなシナリオを事前に準備するからです。このことによって、行動の柔軟性と俊敏性が確保されます。

◈ 実行計画の流れ

実行計画の展開ステップは図表39のようなものになります。

ケースを使って、実行計画プロセスを学習します。

このケースは、ホームページの利用向上に関する「二次問題予測」です。あなたは、この問題の責任者です。実行計画プロセスに沿って考えてみることにしました。

［ステップ1］確実に上手くいって欲しいことを「ゴール」として記述し、明示する

あなたは、以下のように記述しました。

■ 図表39　実行計画のステップ

①ゴール記述を作成する	確実にうまくいってほしいことを「ゴール」として明示します。目標を測定可能になるように数量化します。そのためにゴールは必ずワンメッセージとします。
②何が失敗し得るかを明確にする	直面するかもしれないあらゆる問題や障害を洗い出します。
③優先度を確立する(可能性はどのくらい？どのくらい深刻？)	潜在的な問題が「起こる確率」と「計画に与える影響度」を評価して、対応の優先度を確立します。
④あり得る原因を明確にする	潜在的な問題が起こる、「あり得る原因」を洗い出し、明確にします。
⑤予防の行動を考案して実効策を選択する	予防の行動を考案して実効策を選択します。起こってしまった問題処理の手間に比べれば、予防の手間はごくわずかで済むという考えで案出します。
⑥影響を最小限に抑えるアクションを選択する	二次問題が起きた場合に備えて「影響を最小限に抑える行動」を考案して実効策を選択します。
⑦責任を明確にして割り当てる	責任を明確にして割り当てます。誰が何をするか、いつやるかを明確にします。
⑧実行計画を作成する	実行内容をガイドラインに沿ってチェックし、シンプルな実行計画にまとめます。

「12月31日までに、少なくとも会社の80％の部署が、イントラネットのホームページを利用するということを確実なものにする。」

ゴール記述で大切なことは、測定可能な表現にすることです。「なにが」「いつまでに」「どの程度」という３つの要素が含まれている必要があります。

次に、あなたは「意思決定した選択肢（解決の手段）」を確認しました。

「総務部門から全社員に対して、ホームページ利用に関する周知・プロモーションをする」

このプロセス全体で使用する「実行段階での問題予測ワークシート」は、図表40のようなワークシートになります。

【ステップ２】何が失敗し得るかを明確にする

このステップでは、「解決の選択肢」を実行する際に直面するかもしれない、あらゆる「発生問題」や「障害」をリストアップします。

あなたは、チームメンバーと一緒に、ブレーンストーミングで発生問題や障害を洗い出しま

■ 図表40　実行の問題予測ワークシート

ゴール記述：12月31日までに少なくとも会社の80%の部署が、イントラネットのホームページを利用するということを確実なものにする。

意思決定した選択肢（手段）：総務部門から全社員に対し、ホームページ利用に関する周知・プロモーションをする。

どのようなことで失敗することがあり得るか？	可能性	深刻度	優先度	可能性のある原因	アクション					
					それを防ぐため	誰が	いつ	影響を最小限度にするため	誰が	いつ

スケール：
4＝極度に　3＝とても　2＝ある程度　1＝あまりそうではない　0＝まったくそうではない

した。

（ア）アクセスするのに時間がかかると感じられている。

（イ）なんでも情報システムで管理されることに抵抗を示す。

（ウ）このシステムを導入することで、どれくらい社員にプラスになるかに、社員自身が気づいていない。

（エ）従業員が慣れ親しんだ既存のシステムを使い続けるというようなことが想定される。

【ステップ3】優先度を確立する

それぞれの潜在的な問題が「起きる確率（可能性）」と「計画に与える影響度（深刻度）」を評価して、対応の優先度を確立します。

■ 図表41　問題予測

ありうる失敗	可能性	深刻度	優先度
アクセスするのに時間がかかると感じられている	4	3	12 …2番
なんでも情報システムで管理されていることに抵抗を示す	2	4	8
このシステムを導入することで、どれくらいの社員にプラスになるかに、社員自身が気づいていない。	3	4	12 …1番
従業員が慣れ親しんだ既存のシステムを使い続ける	2	3	6

あなたは、チームメンバーと共に、「総務部門から全社員に対して、ホームページ利用に関する周知・プロモーションをする」を実行するに当たり、あり得る失敗に対して評価を行いました。そして、「可能性点数」と「深刻度点数」を掛け合わせて、優先度点数を出しました。同点の場合は、深刻度の高い方を優先させます（図表41）。

【ステップ4】あり得る原因を明確にする

このケースで起こり得る失敗は、「このシステムを導入することで、どれくらい社員にプラスになるかに、社員自身が気づいていない」ということがわかってきました。

そこで、この失敗の原因について検討してみました。浮かんできたのは次のような原因でした。

> 「不十分なマーケティング。新入社員がこのシステムのことを知らない。従業員がこのシステムのことを聞いたことがない」

【ステップ5】予防の行動を考案して実効策を選択する

このステップでは、ステップ4で確認された、より確率の高い原因に対しての「予防のアクション」を考案します。そのようなアクションは問題が起こる確率を減少させます。

あなたは、ブレーンストーミングを行ってから実行できる「予防のアクション」を選択することにしました。「実行の問題予測ワークシート」には、実行できるアクションだけを書くことにしました。このケースで、あなたは次の「予防のアクション」を選択しました。

（ア）Eメールで新しいシステムに関して大きく取り上げたNewsを配信する。

（イ）従業員教育の機会を利用し、システムの必要性、使い方、どのように役に立つか等に関する情報を提供する。

【ステップ6】影響を最小限に抑えるアクションを選択する

事後策として、影響を最小限に抑えるアクションを考案して実効策を選択します。迅速で効果的な行動を選択します。

ブレーンストーミングの結果、次の案が出てきました。

（ア）活用の成功例を発表する。

（イ）それでも、使われない場合は、上司に定期的に各部署の利用状況をフィードバックし、システムの利用を促す。

（ウ）入力率の低い部署には、個別に話しに行く。

【ステップ7】責任を明確にして割り当てる

このステップでは、誰が何をするか、いつやるかを明確にします。「実行の問題予測ワークシート」を完成させます。この段階では、最優先の「起こり得る失敗」項目だけでなく、すべての項目に対して、予防策、事後策を完成させます。

【ステップ8】実行計画を作成する

このステップでは、実行計画を作成するために検討してきたことを、「実行計画ガイドライン」を使ってチェックします。チェックが終了したら、「実行計画シート」に実行計画をまとめます。

あなたは計画を作った後、実践に移す前にもう一度ガイドラインを使って計画に「ヌケ、モレ」がないか確認することにしました。「実行計画ガイドライン」は図表42のシートのように、9項目からなっていました。

あなたは、実行計画の重要な項目だけを抜き出したシートを使い、実行計画をマネジメントすることにしました。「実行計画シート」は、図表43のようなシンプルなものです。

実行計画のプロセスを終了したあなたは、ここで学習したことを整理することにしました。他

■ 図表42　実行計画ガイドライン

良い計画は以下の事項を含んでいて、コミットメントを得る：

①皆が納得した優先度と期待されるアウトプットまたは最終結果

②アウトプットまたは最終結果を達成するために必要かつ具体的な行動

③同時進行または並行する活動の可能性に注意をした論理的な順序

④必要な資源及び制約事項

⑤現実的な業績基準と測定の方法と頻度

⑥明確に定められた個人の責任

⑦誰によって、何の資源を用いて、いつ行われるのか、などのすべての仕事を項目別に述べた全体のアクション

⑧適切な場合に、見直しと修正のための指標を含んだプロジェクトの監視の方法

⑨計画の中に統合されているべき予測される問題、予防及び最小限に抑えるアクション

■ 図表43　実行計画

ゴール：テーマと目標

あり得る障害　　予防／最小限に抑えるアクション

実行の成功を確かなものにする重要なステップ

誰が　　いつ：開始　　終了

見直しと評価（誰が　＆　いつ）

実行によって得られる利点（金銭的な効果または時間の節約を見積もる）

実際の結果（見直しの段階で記入する）

者のコミットメントが必要なときや、彼らの情報が計画の質を高めるときは、計画プロセスに参画してもらうことが重要であることを理解しました。

◈実行計画成功のポイント

成功を確かなものにするためのポイントは、以下のようにまとめることができます。

①「ゴール記述」は、本当にやりたいことを描写していることを確かめる。できる限り目標を数量化するよう努力する。
②何が失敗し得るかを「ブレーンストーム」を行う。ここでは「カテゴリーフォーカス」を使って自分自身の発想を広げる。
③「可能性」と「深刻度」を評価し、「優先度」を確立する。
④可能性のある原因をリストアップするときは、優先度高い潜在的な問題から始める。
⑤最初にブレーンストーミングを行ってから、より確率の高い原因に対して「予防のアクション」を選択する。「問題処理の手間に比べれば防止の手間はごくわずか」。
⑥次に、事後策として「最小限に抑える」アクションを選択する。

⑦実行のための責任を割り当て、そして、すべての適切なアクションを計画に統合する。
⑧徹底的に予測をする人は、実際に対処する問題が少なくなるのだということを覚えておくこと。「予測する」ということは「理知的」なことである。
⑨「実行計画ガイドライン」のあらゆる要素が考慮されていることを確かめる。時間やお金、あるいは未知の領域、連鎖反応の可能性、そして直接の支配下ではない人や物のような、計画における重要な分野には特に気をつける。
⑩「実行計画」シートは、「実行計画ガイドライン」と「実行の問題予測」プロセスの重要な要素を含んでいる使いやすい簡単なシートである。これは、さまざまな課題の実行計画シートとして使える（例　次回の新製品紹介イベント、営業幹部の研修計画など）。

◈参考「ノミナル・グループ・テクニック」

創案解決プロセスで有効なアイデア創出ミーティング手法として、「**ノミナル・グループ・テクニック**」があります。参考にしてください。

このアイデア創出テクニックは、ウイスコンシン大学ビジネススクールのアンドレ・デルベックとアンドリュー・バンドゥベンによって考案されました。このテクニックは、討議プロセスの効果性を向上させる手法です。非言語及び言語の両方を含む討議手法として評価されています。

ノミナル・グループ・テクニックは、以下の３つの討議フェーズから構成されています。

【フェーズⅠ】言葉のやり取りをしない

1　グループは求められるまでお互いと話をしたり、声を出してアイデアを提案したりしない。
2　解決すべき主題は、「どのようにするのか」といった課題形成型の文章でグループに提示される（～の仕方、又は～のやり方、のような言葉を使う）。
3　「ミーティングリーダー」はグループに、できるだけ多くのアイデアを、一つひとつ紙に書き出し明確にするように求める。これに与えられる時間はまちまちだが、普通は10分以下である。
4　「ミーティングリーダー」はそれから各参加者に、寄せ書きの形式でそのリストから１つのアイデアを提供するように求める。これらの回答は順に番号をつけられて皆が見られるようフリップチャート上にリストアップされる。これらのアイデアが記入される間、明確にすること以外は討議するべきではない。
5　全体のステップを通して、アイデア創出ガイドラインを使用することができる。

色々なアイデア（オリジナル又は改良したもの）が心に浮かんだら、参加者はまず、そのアイデアを簡潔に書き留めてから提出する。すべてのアイデアが明確にされてしまうまで、記入は続く。アイデア創出スタイルとしては、ブレーンストームの最初のアイデア出しを「黙って書き出す」というところに特徴がある。

［フェーズⅡ］対話

1　このフェーズでは参加者全員が確実に理解するために、それぞれのアイデアの意味を説明し、アイデアの意味合いを明確にするための話し合いをする。
2　アイデアが曖昧な部分では、明確にするための質問を続ける。
3　提案者はそのアイデアを支持したり、正当化したりする必要はない。

［フェーズⅢ］言葉のやり取りをしない

このフェーズは、合意の意思決定です。これは「グリーンリスト」を考案することに似ています。この段階は、問題の内容に基づいた判断を要します。したがって、通常はその知識がある人だけが参加します。

1　「ミーティングリーダー」は、参加者にそれぞれのアイデアを次の4つのカテゴリーの中の１つに入れるように求める：
Ａ　すばらしいアイデア
Ｂ　良いアイデア
Ｃ　まあまあのアイデア
Ｄ　削除する／忘れる
２　これはお互いの判断に影響を及ぼすことを避けるために、個人で行う。
３　各個人の判断をまとめた結果はそのグループが優先するものになる。評価を容易にまとめるために、すばらしいアイデアに３点、良いアイデアに２点、まあまあのアイデアに１点、そして削除すべきものには０点を割り当てると良い。

以下のような状況では、ノミナル・グループ・テクニックを活用することをお勧めします。

〈状況Ａ〉
提案者が１人だけではなく多くいて、参加者全員が結果に強い興味を抱いている。

〈状況B〉

強い性格または地位役職の高い人たちによるグループアウトプットの支配を避けて、少数派の意見や視点を奨励し取り入れたいとき。

〈状況C〉

個人で頭に思い描いたり、温めたりすることが有益であり得るような、複雑又は非常にテクニカルな問題を扱っているとき。この状況では、個人がアイデアを書き出すことを奨励するべきである。

要約すると、ノミナル・グループ・テクニックの主な特徴は、個性的なアイデアを促進するための個人の熟考の時間を持つということです。より時間はかかりますが、大抵はその価値はあります。

第3章

問題解決における「個人」

本章のポイント

私たちは会話や議論の中で、「あれ、この人とは話がかみ合わないな」とか、「この人の考え方はよくわかるな」などと思うことがあります。あるいは、「なぜ、あの人はあんな考えをするのかわからない」と感じることもあります。

経営や事業活動でも同じようなことがあります。たとえば、ダイエーとイトーヨーカドーはどちらも日本における小売業の姿を変革してきた会社ですが、経営の考え方は大きく違っていたと言われていました。すなわち、店舗数と規模を追求するダイエーに対して、利益を追求するイトーヨーカドーなどと比較されていました。

なぜ、このような違いが起こるのでしょうか。それは、個々人や集団によって、「ものの見方や、考え方、価値観」などが異なるからです。問題解決も同じです。「ものの見方や、考え方、価値観」が異なれば、何を問題にするかも違いますし、解決策も異なります。

【第3章で学習すること】

❶問題のタイプごとに異なる思考法が求められる。

問題に取り組む思考法には、「演繹思考」「帰納思考」「仮想思考」の３つがある。

❷洞察力や直観力をみがくには、「体感認知」と「内省認知」が必要である。

❸問題解決思考に影響を与える「観念の枠」という意味を理解し、それを外して柔軟な思考をするためのアプローチ方法を知る。

・問題解決思考において、その人特有の考え方の枠を「思考の箍」という。

・思考法と「思考の箍」は密接に関係することを理解する。

❹問題解決行動にとって重要な「観念の枠」には、価値観と自尊観がある。

❺「観念の枠」を広げるには何が大切かを理解する。

1 問題解決と思考法

問題解決において求められる思考法は、「**演繹思考**」「**帰納思考**」「**仮想思考**」の3つです（図表44）。

◈演繹思考と帰納思考

一時期、企業研修において「論理思考」の啓発が大きなブームとなりました。様々な書籍が出版され、セミナーも活況を呈していました。

確かに問題解決を支える主軸は「論理思考」ですから、この「論理思考」を鍛えることは必須です。「経営は論理である」と著名な経営者も異口同音で言っています。巷では物事や人の意見を言葉尻や表面だけで反応したり、深く洞察したり熟考しない風潮が感じられます。そういう点からすると、「基盤作り」という観点から見て、「論理思考」の開発は的を射た施策と言えます。

ただし、ここで注目された論理思考とは、いわゆる「**クリティカル思考**」と称される思考方法でした。クリティカル思考とは、「論証の論理」という定義に基づいた思考法をいいます。この思考法を代表するのが「演繹思考（法）……以下、演繹法」と「帰納思考（法）……以下、帰納法」です。

演繹法と帰納法は、前提から結論を導き出す際の規則性や、前提が結論を根拠づける論証力の違いで分類された論理の方法です。

まず「演繹法」とは、**最初に大前提という規則性を設けて、そこに個別の小前提を置いた上で結論を導き出す展開による思考の仕方**です。

■ 図表44　問題に取り組む思考法

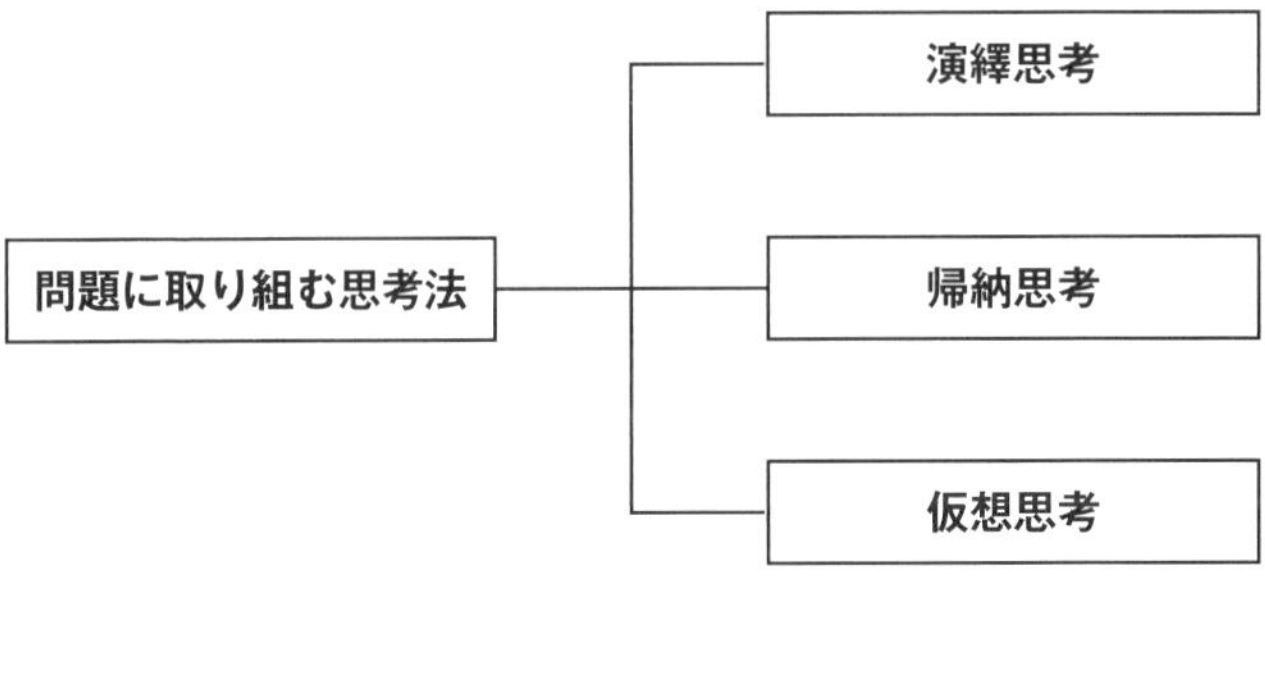

たとえば、

すべての犬は動物である（大前提／規則）
↓
「お父さん」は犬である（小前提／論拠）
↓
ゆえに「お父さん」は動物である（結論）

という論理展開をする思考法です。一般には「**三段論法**」という言い方もされます。

一方、**「帰納法」とは、個別の事象（経験的事実）を小前提として集めて、そこから一般論としての結論を導き出すという思考法**です。

たとえば、

隣の犬は吠える（小前提①／経験的事実①）
↓

向かいの犬も吠える（小前提②／経験的事実②）
← 裏の犬も吠える（小前提③／経験的事実③）
← 故に犬は吠える存在である（一般論としての結論）

というように論理を展開します。

問題には様々なタイプがあり、それに応じてそれぞれ異なるアプローチが必要になります。しかし、それは単なる技法レベルでの話では収まりません。なぜならば、問題解決を有効にするそれぞれの技法は、それを構成する思考法の形態が大きく異なるからです。

ところで、これまでの日本における実務社会において、現場の人々が経験する問題解決のほとんどは、発生した問題を処理したり処置したりするタイプか、あるいは改善を求めて合理的な問題を設定するタイプか、そのどちらかが中心の展開になっていました。そして、それを支える思考の形態も、問題解決を進める上での論理展開に不可欠である「**妥当性の証明**」、いわゆる論証が基本となっていました。

そのため、論理の内容をいちいち考慮しなくても、論理の形式だけでも必然的に正解となる結論が導き出され、さらにその検証が容易である「演繹法」が問題解決を保証している思考法である、という考えが支配的でした。

科学技術の分野の中では、限られた経験に基づいて、「そうであろう」という蓋然的な証明によって仮説を立てる帰納法のような思考法は問題解決の論理としては意味を持たない、と考える人もいるくらいでした。

このことはあながち否定することでもありません。確かに帰納法が論理として意味を持つのは、「確率論」において「正当化」される場合に限られます。したがって、科学技術の世界において敬遠されるのも致し方のない話だと思います。しかし、経営社会的な実務の世界において、帰納法は前提に対して何らかの確かさを持つと考えられる論証を結論として引き出す、仮説的な思考法として重要な役割を担っています。いずれにせよ、これまでの実務社会では、問題解決の技法もこの2つの思考法に基づいて開発されてきました。

たとえば、「既存の事実の組み合わせによって成り立っている発生タイプの問題」は、あらかじめ規則や基準として定義された前提に対して何らかの事実に起因した逸脱的な原因を持った不具合がある問題ですから、思考的には「演繹法」を使い、それをテコとした技法によって、その「原因」を論理的に追求していけば問題は合理的に解決できました。

また「イレギュラーのような不規則な問題や原因が複数重なって、原因究明しがたい問題」も「帰納法」によって経験的事実を整理して、原因を因果関係によって説明し、それを検証することによって、一定の問題解決が得られました。

さらに問題を設定するタイプの場合でも、同じく「帰納法」によって順を追って仮説化した規則性や基準値を構築することによって、問題解決のプロセスは有効に作用してきました。

ですから、私たちが社会人として実務活動を行っていく中で、論証を必要とする問題解決を合理的かつ効率的に進めていくに当たっては、これまで通りこの２つの思考法を問題解決のリテラシーとして身につけておくことが必要不可欠なことであると言えます。


ところで、この論証的必然性を求める演繹的思考法は、「論証法」としての論理展開の特徴から別名「**分析法**」と言い表されてきています。分析とは、すでに知っている前提の内容を分析解明し、その内容に含まれている見えない情報を浮き彫りにするアプローチです。

したがって、分析法では、その名の通り、前提の中にすでに含まれている以上のことを結論として導き出すことはできません。つまり、問題解決へのアプローチとして、**分析法は「新しい観念を生み出す思考法ではない」という側面がある**ことを認識しておく必要があります。

演繹法は、元々が論理の「妥当性」を目的としている思考法で、論理の「拡張性」を目的とはしていません。論理の拡張とは、一言で表現するならば「**仮説の想像**」です。

これまでは、その「仮説の想像」を帰納法が担っていました。しかし、帰納法による「論理の拡張性」は、あくまでもこれまでの経験的事実を蓋然的にまとめたにすぎません。つまり、帰納法とは、それをどんなに駆使しても従来の流れの延長的な観念にしか生まれてこない思考法であるということです。

分析という考え方は、あくまでも事実という過去を基盤としていることに注目する必要があります。「未来」という存在が過去の延長線上に位置づけられる連続的な変化の時代では、過去の分析や研究をすればある程度の未来は予測できました。そういう時代においては「未来」という不確定な存在の中にも、一定の正解となり得る前提が混在する世界が形成されているからです。高度成長時代などは、まさにそのような過去の分析検証から未来を推測することが容易にできると同時に、その推測もそんなに狂いなく進行する世界の好例だったと言えます。実際、この時代は「論証的思考法」による分析的アプローチがもてはやされた時代でした。

たとえば、ハーバード大学のマイケル・ポーター教授が主張した「競争戦略論」が、事業形態や地域に関わらず、すべての戦略に適用され、ブームのように取り扱われた現象などにもつながっています。

しかし、現代はイノベーションが叫ばれ、未来は不連続で不透明な世界になっています。また、現代は江戸時代の約２７０年間で起きた変化が、およそ20年間で起きているとまで言われているスピードの時代です。

今、どの企業でも口にする課題は、一様に「創造性」「独自性」「新規性」です。求めているのは、今までと違った、そして他と違った新しい仮説や理論に裏づけされた「新しい観念」です。言い換えれば、「開発タイプの問題」に取り組む必要が高まってきています。

しかし、**それはこれまでの論証的な思考法や漸進的な範囲での仮説想像をする思考法を基盤としたアプローチから導くことはできないし、そういった方法からの施策ではイノベーションの時代を生き抜いていくことはできない**ということを意味しています。実際、過去の市場環境分析アプローチから論理的に出てくるような仮説戦略策には、誰も注目しません。

◈ 演繹思考と帰納思考の限界

今実務上で生じている問題の多くは、新規事業や新商品の開発とか、新しい顧客の創出といった新規の観念を導き出す内容ばかりになってきています。そういった問題を解決する場合には、論理の「**拡張性**」が必要不可欠となってきますが、ここで求められる拡張性は、「漸進的」ではなく、むしろ「**飛躍的**」な範囲での仮説の想像です。

現実の経営実務において最も望まれているのは、競争市場の中で他社との違いを生み出すことであり、それも今ではこれまでにない魅力を創造することになっています。しかし、それを導き出すのは「発想」であり、その発想を支えるのは「**飛躍的な仮説を想像する拡張的思考**」です。

このことは、従来の流れで**いくら演繹法や帰納法に基づいた「論証的思考力」「漸進的仮説思考力」を強化しても、今日的な経営の意図に応えることはできない**ということにつながります。これは経営実務上、見逃せない話と言えます。

創造的な拡張思考の展開において求められる状況は、何も「新規性」や「独自性」での問題想起といった大仰なことばかりではありません。**最も必然的な状況となるのは、「問題解決での解決策創案」**という場面です。

発生タイプの問題のように、分析的に真因を特定すれば、必然として処理策が浮き彫りとなり、ことがそれで済むような場合には「創造」は特に必要にはなりません。しかし、より突っ込んだ工夫を入れた改善をしたり、これまでと異なった開発的な解決策を求めるならば、創造が求められます。

創造という飛躍した世界を導き出す仮説思考に、大前提はありません。前提そのものを創り出す作業が創造だからです。この創造を支える拡張性の論理は「仮説や理論を創案する」論理として、その展開の筋道に「これまで経験がなく、また真偽の確証もない未知の論拠」を含みます。それは前提に対して証明を行う「妥当性」の論理とは真逆な流れとなります。つまるところ、**演繹法では未知について推測するという「拡張性」や「新規性」につながる前提を創造するような結論を導き得ない**わけです。

一方、論理学上では、従来から「帰納法」が「拡張性」における思考法として挙げられています。中には、「理論発見は経験を通して帰納的に導き出されるものである」という理解の下で「新規性」の案出は帰納法によってなされると考えている人もいます。

とは言っても、帰納法はあくまでも既知の前提を大きくは逸脱しない、蓋然的ではあるが合理的な因果による思考法です。帰納法は、事例の中に観察したものと類似の現象の存在を類推する実存的な漸進的思考法と言えます。言い換えると、ある部分に関する既知の情報からその部分が属する全体について新たな情報を導き出すことであり、経験から一般化を行う思考法です。

ドイツの哲学者C・ヘンペルは「仮説や理論が経験的データから自動的に導出しうるような帰納的世界は存在しない。科学においてデータから理論に到るには創造的想像力が必要である。科学的な仮説や理論は、観察された事実から導かれるのではなく、観察された事実を説明するために発明されるものである」と述べています。

したがって、帰納法的な拡張思考も「創造的な仮説想起」の方法ではありません。学術の世界では、帰納法は実務上では導かれた仮説や理論を「正当化」するために経験的事実によって検証を行う方法と認識されています。アインシュタインは、「**経験をいくら集めても理論は生まれない**」と述べています。

たとえば、ニュートンの万有引力（重力）のような飛躍的アイデアは、リンゴがいくつ地面に落ちたという事実データを積み上げたところで、「重力」といったアイデアが思い浮んでくることはありません。

現代の実務社会では、帰納法は「論証法」の一端として位置づけられています。こういった観点から見ても、**演繹法や帰納法が仮説や前提そのものを提案する思考法ではない**ということがわかります。

◈仮想思考（アブダクション）……新しい概念を生み出す思考法

「新しい観念」を生み出すには、それを可能にする問題解決のアプローチが必要になってきます。このことは、同時にこれまでの「演繹法」や「帰納法」以外の、新規性を「創造的に想像する」ための思考法が必要不可欠になってくる、ということにつながってきます。

創造には、まず「**発想**」が求められます。発想とは、「**目的に執着しながら物事を想像し続ける中で生じる直観的で創意な発明**」です。これは「思いつき」とか「閃き」と称されるときもありますが、発想には一定の筋だった「読み」が伴います。これがないと単なる空想になってしまいます。この発想にこれまでとは異質な工夫を加えた想像が着想、すなわち「**アイデア**」となります。

ただ、一般的に純粋な創造的想像によって新規性を発明するような着想を得ることはほとんどありません。現実的には多くの場合、「**目的に執着しながら、何らかの模倣や転用となるヒントを念頭に、常に物事を観察し洞察し続ける中で得られる直観的な発見**」による着想と言えます。こういった発見を一般には、「着眼」とか「目のつけどころ」と称しています。この着眼点に様々な工夫を加えて想像する着想が圧倒的に世の中で駆使されていると言えます。

しかし、純粋な創意の発明にしても、着眼的な発見にしても、直観的に発想を導くには、他者と直感のイメージを共有し、仮説に導くための「読み」と言われる筋書きである論理が求められます。この論理を支える思考は、「前提を証明するための思考」ではなく、「**前提の拡張、それも飛躍的な拡張を促すための思考**」になります。

そのような中、ここ10年の間に「**第三の思考法**」と呼ばれる「**拡張性の論理**」を基調とした飛躍的な仮説想像思考が大きく脚光を浴び始めました。

この思考法はすでにアリストテレスの時代から論理学的には「**3分法**」として存在していました。また、日常的には誰もが無意識に使っているものですが、論理学の中では論証性が弱いという理由から、なかなか表舞台に上がってくることがありませんでした。また、実践上でも改善レベルに収まったこれまでの問題解決の度合いが帰納法レベルでの技法で充分こと足りてきたということもあり、なかなか注目されていませんでした。

しかし、ヘンペルなどは以前から「科学的仮説や理論は帰納ではなく、幸運な偶然の思いつきや閃きによって発見される」と考えていましたし、アインシュタインも同様な考えを説いていました。

この閃きや洞察による直観を導き出す「第三の思考法」と言われる論理展開は「**仮想法**」と

いう思考法で、米国の論理学者であるC・S・パースは、この思考法を「**アブダクション思考**」という名称で提唱しました。

現在では、論理学の分野において、論理的推論は推論の仕方によって3つに区分けされています。それが、演繹（deduction ディダクション）、帰納（induction インダクション）、仮想法（abduction アブダクション）です。

仮想法（アブダクション）は、観察データを説明するための仮説自体を形成する思考法です。つまり、我々が直接観察したものとは違う種類の何ものか、時には直接観察が不可能な何ものかを仮定する思考法です。

仮想法は、元来通念や常識と言われるものに対して、「意外な事実や変則性がなぜ起こったか」ということの理由や説明を与えることによって、疑問を合理的に解消するための「理に叶って納得がいく」説明を与える「説明仮定」を形成する論理展開の思考法です。

たとえば、

> ①日本各地の多くの記録に卑弥呼の祭祀の記述がある（事実としての結論）
> ↓
> ②（今までの既知としての前提では考えられないが、）彼女が実在していたとすれば記述には妥当性がある（仮説として想起した大前提）
> ↓
> ③故に、彼女の実在は真実であると考えるべき理由がある（論拠として説明する小前提）

というように論理が展開されます。

つまり、**まず思考の起点を論理が起きた事実としての結論から始めて、その結論を合理化するように前提を飛躍的に仮説化し、その上で論拠を正当として示すという展開をします**。つまり、演繹法でいう「大前提」そのものを創り出す展開の思考法ということになります。したがって、これは演繹法とは逆向きの論理展開となります。仮想法における結論は事実だけでなく、法則や理論の場合もあります。

この仮想法を問題解決における仮説想像として表すと、

①隣の犬が吠える（事実）
←
②向かいの犬も吠える（事実）
←
③裏の犬も吠える（事実）
←
④これだけ犬が吠えるのは、何か吠える要因があるのかもしれない（着眼）
←
⑤そういえば犬は見えない存在に怯えて吠えるという話があった（拡散的発想）
←
⑥故にこの近所には犬を吠えさせる「未確認体」が存在している仮説的な論拠がある（飛躍的な想像で仮説化した結論）

というように論理が展開されます。

これをいくつかの事象（経験的事実）を小前提として集めて、そこから一般論としての結論を導き出す「帰納法」としての仮説想像に当てはめると、

①隣の犬が吠える（事実）
↓
②向かいの犬も吠える（事実）
↓
③裏の犬も吠える（事実）
↓
④故に犬は吠える存在である（漸進的収束的に一般化した結論）

というように論理が展開されることになります。

こうして比べてみると一目瞭然ですが、仮想法は一見すると流れは帰納法と同じですが、「未確認体」という未知の存在を想起している点で決定的に違います。観測された事実そのものには「未確認体」の存在を予測させるような情報は含まれていません。これは、飛躍的な発想を

創造して「仮説」を想像したことによって新たな論理展開が生じているからです。

帰納法が観測したたくさんの事実から一般化した結論を出すだけだとすれば、仮想法は観測からの飛躍と言えます。さらに「原因」を説明する仮説を構築するような推論をするのが仮想法と言えます。ニュートンにおけるリンゴやコロンブスにおける卵の話は、まさに仮想法に該当する好例です。

仮想法は論理学的には論証における不完全さが取り沙汰されますが、実は不完全で限られた情報の中で思考し、意思決定していく実務の中では最もオーソドックスな思考法と言えます。しかし、学校教育で取り上げられていないためか、実践的なこの思考法が訓練されていない人が多いのが実状です。

パースは、科学的な論理思考とは、本来３つの思考をすべて使って、

①まず「この近所には犬を怯えさせて吠えさせる未確認体が存在している」（仮想法）というように飛躍発想をさせ、

↓

②次に、「もし仮説が正しければ、犬を「怯えさせて吠えさせる」という性質を持つ気

配、つまり姿とか音とか臭い（たぶん人の眼や鼻や耳には感知できないようなもの）が科学的に感知できるだろう」（演繹法）と妥当性を論証し、
↓
③その上で「感知した要因を同じ条件で多くの犬に試して吠えるかどうかを精査する」（帰納法）ことによって確証する

というように論理を展開していくのが正しい思考の道筋である、と述べています。すなわち、仮想法によって観測した現象を説明しうる様々な仮説を時には飛躍的に立ててみて、次に演繹法によって仮説のそれぞれを論理的に検証し、さらに帰納法によって実験や実証を行なって確認する、というような「**発想・演繹・帰納**」というサイクルを回す思考の仕方こそが、本来の科学的アプローチのあり方であるということです。

◈問題解決と思考法

問題解決と思考法という関係からみてみると、次のような関係になります。

① 発生タイプの問題は、演繹法か帰納法によるアプローチが基本になります。特に、「思わしくない結果の発生や期待する基準とのズレ」という典型的な発生タイプの問題では、「演繹法」が基本となる思考法です。この最も代表的な問題分析技法が「デビエーション分析」や「差異分析」です。

② 発生タイプの問題であっても、問題の原因が1つに絞り込めない場合は、「帰納法」が基本となる思考法です。このとき、複数の問題原因を同時に扱っていくアプローチ技法が「力の場」であり、要素同士のつながりを捉えて、システム全体にアプローチする技法が「システム・シンク」になります。

③ 設定タイプの問題を扱う場合は、基本的な思考は「帰納法」です。しかし、設定タイプは、発生タイプの問題と異なり、既知の経験的な事実を集約した中で、今後の問題発生を事前に予測しながら、予防的に手を打つことや、さらなる強化や改善を念頭により高い基準を再設定して、それを目的とすることを「前提」においたアプローチを行うところに大きな違いがあります。とはいっても、設定する前提はあくまでも従来の延長上の基準となるので、思考は漸進的な仮説構築を行う帰納法に準拠した論理展開となります。

④ 創造タイプの場合は、目的とすべき「前提」を拡張的に「発想」した未知の内容に関する「仮説」として飛躍的に描き、「結論」を想像的に推論していく思考展開になります。こういった、明確な「ギャップという問題」が存在していない状態の中から問題となる前提を創意想像したり着眼想像したりするような問題解決に取り組むには、「発想法」を交えた「仮想法」によるアプローチが不可避になってきます。

このように、**問題解決においては、技法レベルだけではなく、思考法レベルでの切り換えが求められる**ということです。このことは、たとえ問題定義に合致した技法を駆使しても、その技法を推進する思考法が問題解決の技法に合っていなければ、技法が空回りしてしまうことになり、場合によっては混乱を生み出してしまいます。

◈偏った思考の弊害

日本では学校教育をはじめ、企業内においてもひたすら分析的思考を中心に教育を実施している傾向があります。そのため、日本の多くの企業人は物事を分析的に思考する癖や組織文化を身につけてしまっています。特に戦後の50年間は海外からの知恵を分析して、それを模倣することによって経済的発展を遂げた成功体験が身に染みており、コスト低減や品質至上主義の考えの下、分析的に思考する傾向が強かった時代と言えます。

しかし、分析的な思考しかできない人が唐突に創造的な技法を学んでも、それを上手く使いこなすことは極めて難しいことになります。そういった観点からみると、今、問題解決で必要なのは、思考法レベルからの再開発であると言っても過言ではないでしょう。そういった中で、巷で最近人気があるのが「**創造性思考**」と称された「**発想思考**」の開発です。いわゆるアイデアを想起させる思考訓練です。

しかしながら、実践的な実務現場に伺うと、発想力そのものよりも、その発想を空想ではなく現実の論理に落とし込む「読み」の力や、発想の切り口を見出す着眼における「仮説想像力」に欠ける人たちを多く目にします。**仮説想像力とは、「ひょっとすると、○○じゃないの？」というような発想**です。**実践で重要なのは仮説想像思考**です。発想思考は仮説想像の中身をより飛躍的にするための思考法に過ぎません。

日本の企業人は「論証法」の開発以上に「拡張法」、特に飛躍的拡張を促す「仮想法」の開発が急務であると思われます。

ともあれ、今現実の実務で求められているのは、イノベーションや新事業、新商品、新市場といった新しい世界の創造に向けた問題解決を実現して行くことです。それを可能にするには、従来の思考法のみならず、「創造的想像」に基づいた「仮説思考」が社会人リテラシーとして求められてきます。**最近の問題解決においては、「仮想法」の啓発と醸成が企業未来の重要な鍵を握っています。**

◈ 仮想法の活用プロセス

「仮想法」による仮説の形成は、次の2つの段階を踏みます。

①最初に色々な仮説を思いつく、あるいは見出す洞察的段階
②それらの仮説について検討し、その中から「読み」として最適となる仮説を選び出す推論段階

「仮想法」における仮説の「発見」は、何らかの飛躍的な洞察（インサイト）からもたらされます。実際に科学の世界においての仮説の発明や発見は、推論によって行われるのではなく、目的的な着眼や創意の積み重ねの中から、ある思いがけない閃きや洞察や直観といった偶然がもたらされることによって正しい仮説が思いつくことに起因していることばかりです。

パースは、「科学的発見へと導いていく論理的通路が存在せず、科学的仮説を発案するための論理的規則や前提が存在しない中で、発見や仮説という前提の導出を支えるのは、洞察である。そして、この洞察は、結果という事実をもたらした原因への疑問を伴った遡及的な推論の繰り返しから得られるものである。それは常識の打破であり、固定観念の否定から始まる」と述べています。

しかし、同時にパースは、「洞察力は説明不可能な非合理的要素とか超論理的な直観とか啓示というものではなく、人間が持つ自然の諸法則について正しく推測する本能的能力によって合理的にもたらされる」とも述べています。

自然という未知の規則性に対して、「なぜか」と問いかけて、その疑問に答えるために推論を行い、納得のいく「説明仮説」を立てるということは、自然に対して積極的に問いかけることによって自然から真理を引き出そうとする働きかけに他なりません。どんな真理が引き出せるかは、私たちの仮説の立て方如何であり、いかに独創的な問いかけをするかが未知の規則性を導き出す鍵となります。そして、**独創性を左右するのが優れた洞察と想像**ということになります。

こうした独創的な洞察や想像は、驚きや疑念によって引き出されます。何に驚き、何に疑念を持つかは、人それぞれの関心に基づいた感情的起伏によって発動されます。つまり、その人の自尊観や価値観、精神観といった「**観念の枠**」の影響を強く受けます。この「観念の枠」を形成する基軸となるのが、「**認知パターン**」という心理的な作用です。

◈洞察を導く「体感認知」と「内省認知」

認知心理学者のD・A・ノーマンは、洞察に不可欠な認知パターンとして、「**体感認知**」と「**内省認知**」の2つを挙げています。

いくつかの情報を並べてみたり、異なる情報をつなげてみたり、他者と話し合うといったように、収集した情報から新しい視点や発想を得ようとするときに、人はいくつかの整理パターンでの作業を行います。そして、こういった整理作業をしているときに、情報と情報の関連性から思いがけない飛躍的な「アイデア」が生まれるときがあります。

米最大の広告代理店のトンプソンに在籍していた広告制作の天才クリエーターといわれたJ・W・ヤングは、その著書『アイデアのつくり方』（CCCメディアハウス）において、「**アイデアとは既存の要素の新しい組み合わせ以外の何ものでもない**」と言っています。

さて、認知パターンの1つである「体感認知」は、五感と呼ばれる身体的知覚による情報収集と判断に作用します。これは何らかの印象を暗黙的に認知し、身体の関わりを通して思考する過程をいいます。こういった思考から導き出されて想起される観念を一般に「**直観**」といいます。

直観は、既存の脳内情報のいくつかの要素が無意識的に異質に組み合わせられる中で生じるので、まずは事前の脳内における保有情報の量が決め手となります。しかも、異質な情報ということですから、教科書や書物では得られない**「体験情報」をいかに五感的に保有しているか**が重要な意味を持って来ます。

たとえば、アウトドア用品を作っている企業のトップは、元々その分野の実践者であることが多いものです。モンベルの代表取締役の辰野勇氏は、アイガー北壁の登頂で世界最年少の記録を持っているそうです。そのような、経験が五感に染みついているからこそ、欲しいと思う創造的な商品を開発できるのではないでしょうか。

まさに**新規性は、幅広い既存情報を異質につないだ中から直観的に生まれてきている**ことの所産であることがわかります。

◈ 直観力を高める

何の目的もない状態に置かれたとき、人の脳は自由にいろいろな認知や思考活動のモードを追及することができ、そのようなリラックスできる環境で脳内に浮遊した情報の結合が行われます。このようなとき、「閃き」は起こりやすくなります。

「脳のメカニズム」論によると、人間は本来「一時に一つのことに関心を集め、それしか処理できない」という生理的習性があり、目的を持って思考しているときは、脳内の情報が目的に向かって因果関係を分析する合理的な思考にしか機能しないため、「閃き」は起きづらいと説明しています。

閃きの多くは、以前は無関係だった要素を意外なパターンで結びつけ、訂正したり変化をつけたりしたものです。したがって、**人が閃きを起こしやすいのは、脳の活動が自由な動きをするリラックスしたとき**になるのです。

東洋の禅の思想では、それは無意識状態に起きるとして、坐禅を奨励する宗派もあります。このことは、前出の天才クリエーターのヤング氏も「真剣に考え詰めた後、一旦それを忘れて休んだときに衝撃（インスパイア）が起きる」と述べています。

また、かつて米国の西海岸における広告代理店最大手の社長であったJ・フォスター氏もその著書『アイデアのヒント』（阪急コミュニケーションズ）において同様に、「**一旦全部忘れろ**」と述べています。日本人のノーベル賞受賞者第1号である湯川秀樹の中間子理論は、考え詰めた後トイレでしゃがんでいるときに頭の中にイメージが浮かんできたそうです。彼の最初の論文原稿がトイレの落とし紙であったのは知る人ぞ知る話です。

ノーマンは、さらにリラックスする環境は、座っているときよりも歩いているときの方が閃きやすく、ある程度の運動をしている方が脳の活性化が促進されることが実証されています。これは「**体感による純粋経験**」によってバイアスを捨てた直観が作用することから起きる現象です。人間は五感を通して情報を知覚するので、思考という大脳以外の脳内の活動が無意識領域で自由なパターンに活性されます。**人は動いているときの方が脳内はリラックスした状態になりやすくなります**。日本を代表する哲学の権威者である西田幾多郎博士の「哲学の道」は有名な散策コースになっています。

また五感での体感認知のパターンは、それが多様であり多角的であるほど、また異色であれば異色なほど、異質な認知情報がより深く得られることになります。

食べ物は味わってみないと真の感覚は認知できませんし、外国は実際に行って体感してみないと真の実感的な認知は得られません。こういった全身の感覚を使った情報が「内省認知」のパターンの有機度を高めることにつながります。そして、**体感の積み上げによる体験が複雑で幅広く多いほど、内省認知の力も増していきます**。

実際に、実務社会の至る所で実践される着眼からの発想は、「アイデアを探す」とか「アイデアを拾う」という言い方で表現されています。

着眼的発想は実際に存在している事例や事象に目をつけて、それを応用するアプローチですが、その着眼や応用に際して五感的経験は重要な直観の引き金になります。創造的な閃きは、机上の空想ではなく、五感による体験によって醸成されます。創意するにしても、着眼するにしても、発想につながる「読み」「構想力」が求められますが、それは見聞や体感でしか得られない暗黙知を身につけていないと効果的に機能しません。「読み」「構想力」といったものは、自国以外に旅したり、先人の知恵や衆知の知恵を活かしたりすることからみがかれます。

一方、内省認知は、体験認知で得た情報を本質究明や真理探究の思考過程で比較対照したり、組み合わせたり、置き換えたりすることによって、その関係性をあるがままに理解していく観念の熟成です。

ここから最終的に新しい関係性の発見が行われ、閃きや新しいアイデアが生み出されます。ただし、ここで注意しておかなければならないのは、**内省は分析といった操作をせず、情報の意味や関係をバイアスなくあるがままに感受する**ということです。そして、幅広く体験を感受するにも内省を深めるにも、事前の準備が大きくその質を左右します。

内省認知は、その材料である知覚情報量、それも異質な知覚情報と共に、認知過程としての熟成が深ければ深いほど、知覚情報の掛け合わせが複雑化し、複合されて認知パターンが多様化していきます。そして、それに合わせて閃きや洞察が生まれやすくなると同時に、その飛躍の度合いも大きくなっていきます。

◈閃きに欠かせない情報の蓄積と編集力

「脳のメカニズム」論では、閃きや洞察、直観を生むためには、それだけの情報資源を「学習」という準備によって、事前に記憶を司る脳領域に蓄えておく必要があると言っています。

言い換えると、**「無から閃きは生まれない」**ということです。閃きや洞察は、記憶の働きから生まれてきますが、それは覚えたことをただ再現するのではなく、編集されていく中から生まれてきます。この**「編集する能力」こそが、閃きや洞察を生む原動力につながります。**

また、この記憶の編集はさらなる重要な意味を持っています。「編集」とは、蓄えられたそれぞれの情報の結びつきや関連性が常に変化することです。変化の結果、当初は「このときにこういうことがあった」というエピソードとして貯蔵された記憶が、内省認知によって徐々に「こういう意味がある」という意味記憶に変わっていくのです。つまり、人間の記憶力とは、単に過去に獲得した情報をどれだけ覚えているかということだけではなく、こうした「記憶の編集力」を含めた「記憶」なのです。

記憶が編集されることで新しいものが生まれてくる。**この「新しいもの」を生み出す「記憶**

の編集力」こそが「閃きを生み出す力」なのです。閃きや洞察は、仮想法による日常の思索の積み重ねによる記憶の編集過程から瞬間的に出てくる産物です。

有効な閃きやアイデアを実現するために習慣づけておきたい行動は次のようなことです。

①野次馬根性を持ち、情報に接触する。
②こだわりを持たず、何にでも首を突っ込む。常に考え続ける。
③考えるときには「なぜだ」と徹底して突き詰める。
④遊び心を持ち、心を浮遊させる。
⑤息を抜く。リラックスをする。
⑥無心になる瞬間を持つ。
⑦常にメモは持ち、どんなにくだらなくても思いつきをメモにとる癖をつける。

◈「閃き」「洞察」を意図的に作り出す

独創的な洞察や想起といった「飛躍的仮説の創造」は、それを引き起こす「創造的想像力」に影響されます。パースは、「仮想法」を展開するためには洞察と想像が必要不可欠であることや、それを起動させるには情意のエネルギーが大きな役割を担う、ということを示唆しましたが、洞察を導き出すための具体的な手立てについては言及をしませんでした。

洞察の手立てとは、言い換えるならば、「**閃きを導く技術**」のことです。パースは洞察の部分に関しては偶然の要因として、それは論理を超えた説明不可能な「非合理要素」とか「創造的直観」「超論理的な提起」の世界であると述べています。つまり、論理的に統制できるようなものではないと理解しています。

しかし、創造に求められる着想としてのアイデアは、ただ単に洞察によって着眼した発見や創意想起した発明といった発想だけの仮説では、多くの場合、他の模倣や転用に近い内容が多く、他との違いや新規性、独自性に乏しいものです。洞察や想起といった仮説構築の背景に工夫の介在は必要不可欠です。この領域を偶然の産物であるとか、超論理と言っていては実務として心もとないものになります。

この問題を解決するべく、「脳のメカニズム」論という観点から生理科学的にアプローチしたのが、英国の医学者であるE・デ・ボノ博士でした。

彼の著述した『頭脳のメカニズム』（講談社）では、工夫を伴った「閃き」、あるいは直観といわれる思考を、ある日突然天から降ってくるものと捉えていません。そして、彼は「**水平思考の世界**」という概念によって、**人間の創造性を新たなる論理として意図的に引き出す**方法を生み出しました。

「水平思考」とは、閃きや洞察の多くは、誰かがあるテーマについて以前は無関係だった要素を結びつけ、訂正したり変化をつけたりしてこれまでになかった要素に作り上げたものです。そして、その無関係は、誰しもが経験の中で培った常識という「思考の箍（タガ）」に囚われて、結びつきの新しいあり方に思考が向かわなかったために、無関係と決めつけていたことがほとんどです。

＊注　「思考の箍」とは、思考がある一方にしか向かっていない、広がりがない、固定化した認識パターンのこと。箍とは酒樽を縛っている枠組みのことで、ちょうど孫悟空の頭にある「輪っか」のようなものです。

今、科学の世界では「創造性」という思考プロセスを徐々に明らかにしていっています。今日、すべての人は誰しも豊富な創造性を持って生まれて来ているということがわかってきています。実際に、学校前の子供は創造性のテストで80点台から90点台を得点しますが、小学校5年生を過ぎる当たりから10点以下になっていくという傾向が証明されています。大人になるにつれ、創造性はさらに欠けてきます。この証明は明白です。**観念による知識（すなわち常識と**

いう思考の箍）が増加するに反比例して創造性が衰えていく、ということです。

◈なぜ人は創造性を失うのか

人はなぜ持って生まれた創造性を失うのでしょうか？　最も大きな要因は、「**人は物事に秩序と効率を求める**」という基本的欲求行動が存在していることにあります。人は五感で感じたものをどのように判断するかについて習慣的な方法で思考する傾向があります。これらのパターンは「思考のパラダイム」（前提的仮説）と呼ばれ、このような行動は我々の伝統的な教育システムによる学習によって強化されます。

たとえば、学生は論証的、分析的に考えるように教えられます。そこでは１つの受け入れられる論解を見つけるために、データを順序良く集め、整理し、分析することによって、根源の原因を見出そうとします。それはつまるところ、論理的、体系的な領域を司る左脳が支配する領域が鍛えられるということです。

その過程が生み出す世界は、顕微鏡を使うこととよく似た状況を作り出します。顕微鏡は未知のものを深く調べられますが、深くなればなるほど、視界に入る焦点はだんだんと狭くなるという特徴を持っています。

論理性とは、ある命題に対して関連するデータや事柄をもれなくかつダブりなく区分けし、それをグルーピングし、そしてそのグループを因果関係の法則に従って理路整然と筋道立てることです。

「筋道が立つ」とは、筋道に矛盾がなく、論拠が明確である状態をいいます。論理的に思考するとは、ある命題に対して結論や主張を導き出す流れを追うので、「**収束的思考**」とも称されます。またE・デ・ボノ博士によれば、あたかも重力の法則に従って水が上から下にまっすぐ流れ落ちるように思考を組み立て上げるので「**垂直思考**」とも称されています。

一方で、「創造性」とは、「**枠組みにとらわれずに新しい発想を生み出す状態**」をいいます。「創造的に思考する」とは、ある情報を元に、そこからアイデアをどんどん膨らませていく流れとなります。そのため、「**拡散的思考**」とか「**発散思考**」とも呼ばれます。また論理思考の垂直に対比して「**水平思考**」とも称されています。

垂直思考と水平思考とを比較して「どちらが重要であるか」という議論は意味を持ちません。両者はお互いを補完するものであり、どちらか一方の思考のみで結論を導き出すことはできないからです。

それよりもここで注視しなければならないのは、**垂直思考と水平思考は両方が対になって初**

めて意味をなすということです。特に発想したアイデアが仮想法の仮説想像として推論に組み込まなければ、創造性を基調とする機会開発の論理が成り立ってきません。

効果的な思考法とは、仮想法の論理に従って、水平思考のフレームで概念やアイデアを発想的に広く膨らませながら、演繹法としての垂直思考のフレームで、それらのアイデアを評価・分類して論証的に収束させ、帰納法によって一般化を実証しながら具体的な結論や主張につなげていく展開をすることです（図表45）。

◈「思考の箍《タガ》」を外す方法

創造的思考を啓発し思考の箍を外すには、そのための技法やアプローチ方法をいろいろ学習

■ 図表45　創造的思考と論理思考の関係

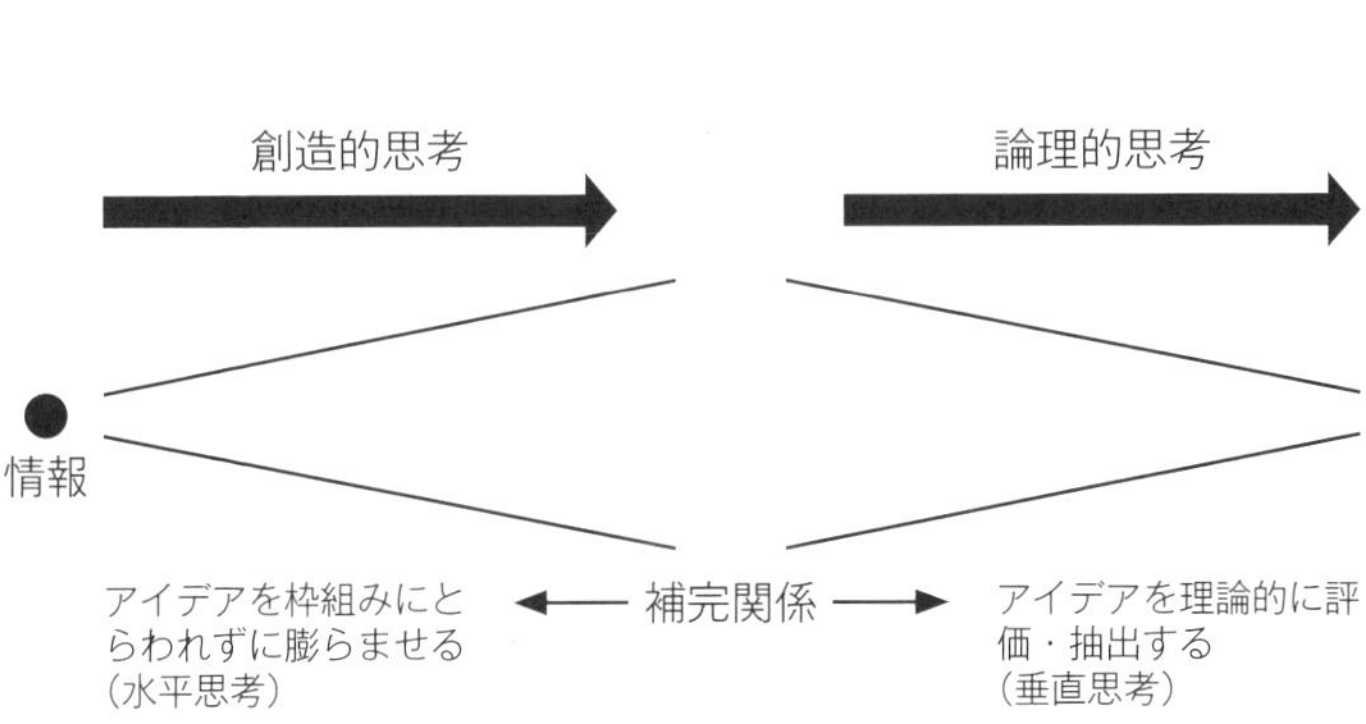

しておくことが役に立ちます。

「脳科学」においては、人間の思考は1つの情報処理システムとして捉えられます。思考はこの処理の過程の中で経験や慣れに応じて一定のパターン認識を作り上げます。そのパターンはたとえ未経験であっても、周囲から提供される情報の偏重によって作り出されます。

デ・ボノ博士は、前出の著書『頭脳のメカニズム』において、人の思考の特徴として、次のようなものがあると述べています。

①一時に1つのことに関心を集め、それしか処理できない。
②既成概念（固定観念）にとらわれやすい。
③似たような物事を同一な物として認識する（聞きたいように聞く）。
④「感情」といった脳内の科学的バックグラウンドの変化が思考に影響する。
⑤過去の経験が思考に大きく影響し、思考の循環性（思考の箍）が形成される。

思考の箍が掛っている場合、インプットされる情報は固定化された因果関係の思考パターンに優先されて垂直的に処理されることになります。脇道にそれることは、脳の自律的組織化の自然な行動からは行われません。そのため、結果は従来とほとんど変わらないアウトプットとなってしまいます。

　では、どうすれば脇道にそれることができるでしょうか。それには、まず**無意識的になっている自律的思考状態に意識的な揺さぶりをかけることが必要**になります。そして、ゆさぶりによって、実際に思考を脇道にそれさせる操作が必要になります。この2つの作用がこれまでと異なったアウトプットを導き出します（図表46）。

◈思考を脇道にそれさせる

　このような考え方は、これまで理論化まではされていませんでしたが、古くから思考の箍に揺さぶりをかける有効な手段として認められてきました。たとえば、「**辺境拡散法**」や「**自由連想法**」といった代表例の他にもいろいろな手法

■図表46　思考の箍（タガ）を外す

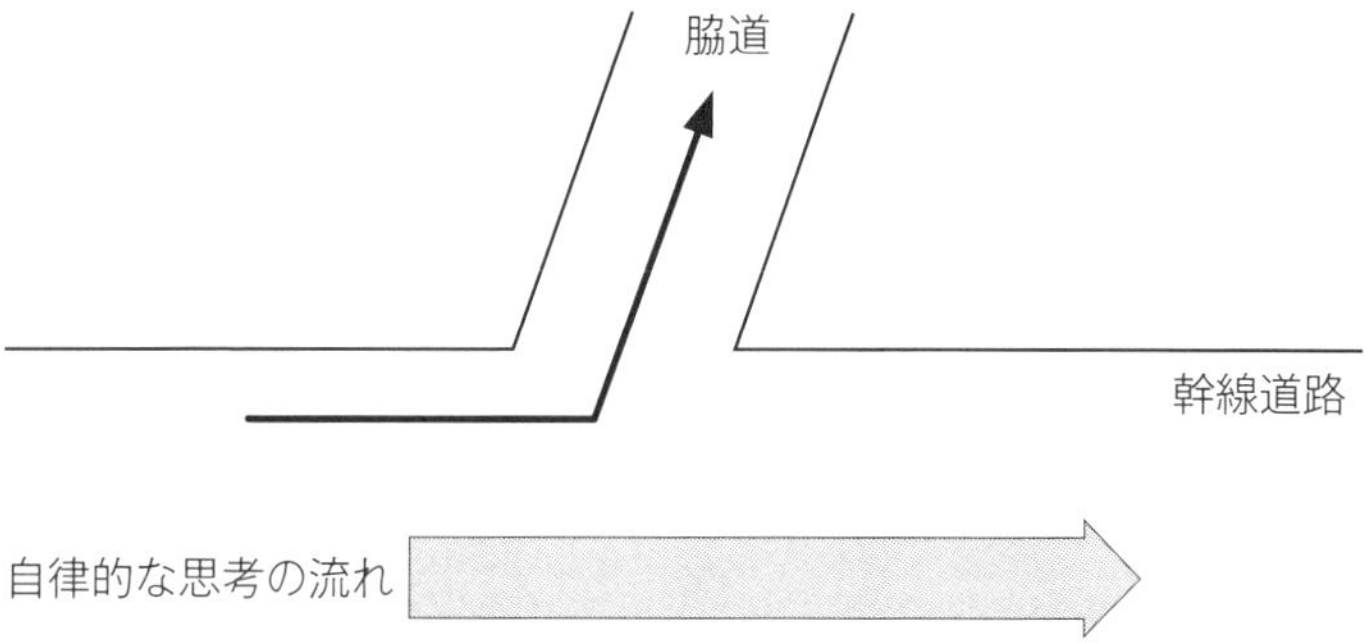

脇道にそれさせる方法＝「揺さぶり」＋「操作」

があります。

(1) 辺境拡散法とその例

辺境拡散法は、従来にない工夫を差し挟んでいくことによって、脇道とまでは行きませんが、側道や歩道にそれさせるアプローチです。たとえば、以下のような「目のつけどころ、思考のツボ」があります。

▼現状資産の有効活用

自分たちが持っている資産(固有資産や運用資産)価値をテコに、その有効活用を考えます。たとえば、

- 本来は衣料品であったバーバリーのようなブランドイメージを、他の商品にも展開する。
- スーパーのレジ精算にまつわる小物品陳列販売といったその場所特有の購買行動パターンを利用してついで買いを誘発する。
- あるいは30年サイクルで循環する衣料のトレンドサイクルに合わせてリバイバル品を売り出す。

などがそれになります。マクドナルドは20年という長き期間を照準に、日本の子供の食習慣

にハンバーガーとアメリカ型の食スタイルの浸透を仕掛けました。
資産を思い浮かべるには次の質問が有効になります。

- 自分の固定資産価値に何があるか
- 自分の運用資産価値に何があるか
- 自分の状況資産価値に何があるか

▼改善

最もオーソドックスなアプローチです。形ややり方などで他がやっていないことやより良くするための工夫をします。

たとえば、

- 違った機能や性能を加える。
- 他者の力ではできないことに参入する。
- 過去には意味があったが今は意味がないようなことを止める。

などです。**成功が生む失敗とは「正解は１つである」ということへの思い込み**です。それによってそれ以上の探求をしなくなることです。改善を考えるには次の質問が有効です。

- 今上手くいっていることに何があるか

・今上手くいっていないことに何があるか
・変えてみたいことや挑戦してみたいことに何があるか
・それをさせない障壁に何があるか

▼**置き忘れ**

強み特化のシステムでトレードオフとなり、空白となっている領域の再活用を工夫します。たとえば、ワンストップの大量買いを目的とした郊外型スーパーマーケットに対抗してできたコンビニエンスストアなどがそれです。置き忘れを考えるには次の質問をすると有効です。

・何が上手くいっているのか
・何が置き忘れられているか
・機会が生じる可能性はないか
・機会の大きさと利益はどれくらいか

▼**価値変化**

ある人には無駄でも、別の人には価値がある。ある場所から別の場所に移すと価値が出る、価値が出るまでストックしておくと価値が出る、価値を見出す人の場を作る、いくつかの価値を集めて大きな価値を作る、他の価値に便乗して価値を出す、といった操作をします。

たとえば、海外進出とかリサイクルやオークションなどがその好例です。

アイデアの基本はこちらの価値よりも相手の価値が上回ったときに利益が生まれるということです。それには、
・コストが多少上がってもそれ以上の末端価値を出す工夫をする
・無駄な価値を削いでコストを格段に下げる
ことが効果的です。

▼相乗作用
2つ以上の価値を結びつけて、それぞれの価値の合算よりも大きな価値を生み出す工夫をします。

たとえば、ユニクロとビックカメラによるビックロ店などが最近の事例です。現有の任意の2つの価値を頭の中で結びつけてみます。

▼反平均化
中庸《ちゅうよう》を取らないで、あえて人間の両極性の嗜好を利用します。

たとえば、徹底した簡便、効率、低価へのこだわりと高価値、ゆとり、高価といった両面価値性へのアプローチなどです。

▼定義換え

短所を長所に変えてみます。欠点をあえて強みとして訴えたり、自問して定義を見直して発想の出発点を変えてみます。

たとえば、「きず物」や在庫商品をあえて流行に関心のない人相手に売るとか、運送業である鉄道会社がサービス業に使命を変えるなどがあります。

▼移転

２匹目のドジョウを狙います。他業界や外国のノウハウを転用したり、ヒントとして活用することです。

たとえば、トヨタのカンバン方式は元々スーパーマーケットの先出し後入れ補充のシステムを転用しているなどですが、一般的な新規開発のほとんどがこの手法を拠り所にしていると言えます。

（2）自由連想法とその進め方

自由連想法は、Ａ・Ｆ・オズボーンによって考案された会議によるアイデア発想の方式で、「**集団発想法**」とも称されます。一般には**ブレーンストーミング法**として知れ渡っています。集団でアイデアを出し合うことによって、思考的感情的に相互交錯（シナジー）による反応連鎖や発想の誘発を求める技法です。

①質より量を大切にする。
②判断したり結論を出したりしない（コンセンサスはしない）。
③大きな声を出す。
④肯定的に受け止め、絶対に否定しない。
⑤人のアイデアに乗っかったり、くっつけたり、変えたりする。
⑥感情的に盛り上げる。
⑦常に自由でポジティブな心構えを持つ。

（3）自由連想法を誘発する「オズボーンのリスト（簡略したもの）」

アレックス・オズボーンは、問題を扱っている個人やグループのブレーンストーマーを刺激するために、彼の「アイデアを促す質問」を考案しました。

①他の使用法はないか（新しい使用方法は？　もし修正したら？）
②他に適応できないか（他にこのようなものは？　これは他にどんな人、場所、もしくは物を示唆するか？）
③修正できないか（意味、色、動き、音、におい、形式、姿を変えたら？）
④拡大できないか（もっと長い時間？　より頻繁？　より強く？　もっと高く？　もっと長く？　より太く？　材料を加える？　掛け合わせると？　誇張したら？）
⑤縮小できないか（より小さく？　もっと低く？　もっと短く？　もっと軽く？　分割する？　控えめに言ったら？）
⑥代用できないか（代わりに誰が？　代わりに何を？）
⑦再構成できないか（部品を入れ替える？　他のレイアウトは？　他の順序は？　原因と結果をひっくり返したら？）

⑧逆にできないか（反対に置き換える？　後方に回す？　逆さま？　裏返し？　逆転させると？　右の頬も打たせて見る？）

⑨新しい組み合わせができないか（混ぜ合わせるのはどうか？　詰め合わせると？　部分を組み合わせると？　目的を組み合わせると？　訴求点を組み合わせると？）

（4）アーノルドのリスト

マサチューセッツ工科大学での「創造的エンジニアリング」コースでジョン・アーノルドは、商用製品の重要なエンジニアリングの特徴を改良する目的の自己質問リストを考案しました。

①「機能を増加できるか？」もっと多くのことができる製品を作れるか？

②「高い性能レベルに到達できるか？」もっと製品を長持ちさせられるか？　もっと信頼できるものに？　より正確なものに？　より安全なものに？　もっと使用が便利に？　修理と維持がよりしやすく？

③「コストを下げられるか？」過剰なパーツを除去できるか？　より安価なものに替えられるか？　手作業を減らしたり、完全な機械化のための設計をしたりするか？　販売しやすさを向上できるか？　もっと製品の外見を改善できるか？　パッケージは改良できるか？

セールスポイントを改良できるか？

オズボーンやアーノルド以外にも様々な質問リストがあります。

（５）仕事の簡素化についてのリスト

仕事の簡素化の基本的な目的は、「**削除するため**」「**簡単にするため**」「**組み合わせるため**」、そして「**改善するため**」です。最も簡素な仕事の方法が、普通は一番容易で実用的なのです。操作順序を変えたり、職場を再編成したり、形式を再設計したり、新しい設備を得たり、最新のテクニックを調査したりすることによって、やり方は簡素化することができます。

絶対に不可欠なもの以外は排除するべきです。もしも作業の流れ全体が削除できなければ、もっと細かいことで必要のないものはすべて削除すべきです。もし、それを削除できなければ、他のステップや操作と組み合わせてください。最後に、改善するということは、より近代的な仕事の方法を見つけて更新することなのです。

（６）重要な質問についてのリスト

①なぜ？（なぜその仕事が行われるのか？　それは本当に必要か？）

②何？（何が行われているのか？　この詳細の目的は何か？　我々は何をやり遂げようとしているのか？）
③どのように？（どのように仕事が行われているのか？　もっと容易、または良い方法があるか？　それを機械化できるか？　それは手で行うべきか？）
④どこ？（他にどこでそれができるか？　別の部署がこの仕事のための特別な設備を持っているか？　他の場所が同じような仕事を行うか？）
⑤いつ？（いつその仕事が行われるのか？　これは1日または1週間の中のいつか、及び頻度と順序にも関係している）
⑥誰が？（誰がその仕事を行うのか？　彼らはそのためのトレーニングをされているか？　それを上手くやるスキルがあるか？　誰がそれをやるべきか？）

このような中で、「強制連想法」というスタイルで生理科学的にアプローチをしたのが、デ・ボノ博士でした。デ・ボノ博士は、『頭にガツンと一撃』（新潮社）の著述で知られるロジャー・フォン・イークによって紹介されたオズボーンやアーノルドの質問リストの中にも含まれている「脳内命令の要素」という思考の箍を外す強制言語を活用し、一定方向に固定化している思考経路を、強制的に挑発的飛躍（跳躍）をさせることによって思考転換することから閃きや洞察を得ることができると提唱しました。

この「**挑発による発想法**」が水平思考の代表格です。現時点において、この手法が「思考の箍」が非常に堅い人にかなり有効な閃きや洞察を導引する方法として広範囲に利用されています。

◈デ・ボノ博士の「挑発による発想法」

▼概念拡散法
ある概念を他の事柄に広く応用できないかを考える連想法です。これは辺境拡散法の流れを汲んだ技法です。欠陥や欠点を補填したり、対比適応したりする方法が含まれます。たとえば、一昔は非常識とされた、女性仕様の商品を男性仕様にも拡張するといった展開は今ではオーソドックスになりました。

▼反証的連想法
広く指示されている考えを否定して、常識に疑問を持って説得力ある反証を考える連想法で

す。たとえば、レールはなぜ2本なければならないのか、と反証した中から生まれたのがモノレールです。

▼ランダム連想法

物事を無作為に選択して、テーマや目的と強引に関連づけることから連想を得る連想法です。ちょうど落語の「お題話」がそれに当たります。その際、従来に使用していた思考パターンと関連性がないパターンほど大きな脇道となりますので、その揺さぶりのポイントはランダムであるほど望ましいと言えます。たとえば、辞書や新聞からまったく関係のないワードを拾って、そのワードによって強引に新しい着想を描いてみるなどが効果的です。無印良品で有名になった「おいしい生活」というコピーはまさにこの連想から生まれています。

▼刺激的発想法

ある事柄に対して、夢や願望を描いたり、ある部分を誇張や極大化してみたり、縮小や極小化してみたり、逆転的にひっくり返してみたり、消してみたり、何かを加えてみたり、一緒にしてみたりすることから連想を得る方法です。最近では体内に入るカプセルカメラが開発されていますが、これは極小化の一例です。あるいは日本はロボット開発で世界の最高峰と言われていますが、これは『鉄腕アトム』というマンガの影響が大きく貢献しています。

▼**挑戦的発想法**

ある事柄に対して、「なぜ、それがあるのか」「何のためにそうなっているのか」と本質を考えながら、それを変えてみたり、代用を持ってきたりして連想を得る方法です。問題の中の事柄を念入りに見て、それが持つあらゆる性質を簡潔に書き留めてから、それらを入れ替えたり変えたりしてみます。

◈「強制連想法」を使いこなす

実証された水平思考による連想法の使用は、過去に積み上げられた垂直思考がもたらす多くのバリアーを克服してくれます。バリアーには次のようなものがあります。

①アイデアの時期尚早な評価
②習慣やパターン化した論理思考に頼る傾向
③新しいアイデアに対する、無意識な感情抵抗

④アイデアに対するリワード（褒賞）の欠如
⑤思考手順におけるルールの無視
⑥不十分な情報の相互提供

連想法によるアイデア創出の成功にはいくつかの鍵があります。１つは準備であり、適切な環境を創ることが大事です。もし、単独で思考をしているならば、必要になる情報と時間を必ず確保しなければなりません。もし、チームで思考をしているならば、信頼あるチームワークを作ってスムースで前向きな心理状態を構成し、思考の経過を確かなものにする必要があります。

【強制連想法の実施手順】

［ステップ１］テーマ（問題形成点、解決点）を１つ抽出する

［ステップ２］仮想法によって選び出したアイデア案出の対象となる仮説要素（時間、場所、状況、人など）をそのまま記述する

［ステップ3］強制連想法で使用する脳内命令の要素を決める（オズボーンリスト例：他の使用法、適応、修正、拡大、縮小、代用、再構成、逆、組み合わせ）

［ステップ4］跳躍として揺さぶる言葉や文章を決める

たとえば、刺激的発想の場合

•○○である⇩○○があったら便利だな（夢想）

•右にある⇩左にある（対比）

刺激の場合であれば、揺さぶる情報は「極端」であればあるほど脇道が大きくそれ、新しい斬新なアイデアが出やすくなります。

［ステップ5］アイデア発想をする

良し悪しといった評価はせずに、少なくとも10個以上案出します。少し休んで、別のことをして、しばらくしてまた同じ作業をします。

【ステップ6】いくつかの種類の連想法を駆使する

【ステップ7】出した内容に面白さや奇抜さで点数をつけ、優先順位化してみる

＊注　デ・ボノ博士の連想法について詳しく知りたい方は、『水平思考の世界』を参照してください。

創造タイプの問題解決は、このような飛躍的な仮説想像を駆使して問題の創案や解決策の創案を行っていくことが効果的な進め方の鍵となってきます。

2 問題解決と「観念の枠」

ここでは、問題解決活動に強く影響を与える「**観念の枠**」について理解します。また、「観念の枠」の中でも、問題解決に強く影響する「**価値観、自尊観、そしてより根底に潜む精神意識**」について紹介していくことにします。

◈「観念の枠」とは

「観念の枠」とは、経験的な学習を通して作り上げた観念であり、自己評価の枠組みです。その人の歴史の産物とも言えます。意識的なものもありますが、そのほとんどは無意識的に作用します。そして、「観念の枠」は人が物事を捉える際の判断の尺度になって、人の思考や行動を支配する認知パターンに影響します。

つまり、人々の物事の捉え方は、人が信じていたり重きを置いたりしている意識的、あるいは無意識的な「観念の枠」の存在によって、異なったパターンとなり、それが様々な意見の食い違いや好き嫌いの感情を生み出す元となってくるわけです。

人は人生において特に強い感動を受けた体験や、繰り返して刷り込まれた五感的な知覚学習によって、信念や観念といった枠組みを形成し、この枠組みというフィルターを通して世の中の人や物事を規定したり、判断したりします。したがって、このフィルターにあたる「観念の枠」は、認知を支配する人それぞれに内在した心構えの癖といった存在です。心構えとは物の見方・考え方のことです。

たとえば、人は人生のどこかでネガティブな体験をすると、ネガティブな「観念の枠」が形成されて、それが認知や思考・行動に影響します。対人関係においてそういう体験をすると、日常において人に対して会う前からネガティブな先入観を持ったり、ちょっとした発言や振る舞いをネガティブに受け取ったりします。自分の態度も敵対的な態度が表面に出がちになります。また、学習的に無垢であった年頃に教えられたことや刷り込まれた考え方が基底的な観念となって「観念の枠」を形成し、それが信念や観念に影響することもあります。

「観念の枠」は、受けた強度と回数によって強固な信念となっていきます。脳のメカニズムの研究では、無意識的領域は、意識的領域の２万倍もの強さで、私たちの感情や行動に影響を与えると言われています。

このように、「観念の枠」は、人が体験や出来事の中からどのような解釈を選ぶのかに影響を及ぼします。したがって、「観念の枠」が異なると、同じ体験をしても受け止め方が異なるということになります。つまり、「観念の枠」は日々の思考や行動のあり方を瞬間的に選択し規定する条件反応として、思考過程や情報収集、あるいは意思決定の好みといったあらゆる活動に影響します。

では、この「観念の枠」は問題解決にどのような影響を与えるのでしょうか。「人は事実に反応して行動するのではなく、認知に反応して行動する」という現象があります。

認知心理学においては、人が感知する事象はどのようにニュートラルな「純粋体感」でも、それを認知として知覚する段階では、**必ず「観念の枠」の影響を受けることになります**（図表47）。

ということは、問題解決にとって最初にどのように問題を認識するか、あるいは問題のどこに着眼点を置くか、はたまた問題にどのように取り組むかという問題定義の重要な起点を決めることになります。時には「観念の枠」の影響で問題自体の存在が認識できないという場合もあります。

また、内省という思考過程の中でも、「観念の枠」が影響します。ネガティブな「観念の枠」の人は、そのままだとネガティブな流れの内省をします。そうすると、結果はよりネガティブなものとなってしまいます。

「観念の枠」は人によって異なりますから、問題を捉えるときにものの見方や捉え方の基準を摺り合わせておかなければ、１つの現象や事実に対しての認知や反応の仕方が変わってきて、入り口において大混乱を招くことも起こります。

したがって、**組織において問題解決を行う場合、立場や部署が異なれば個々の「観念の枠」は異なっていると捉えることは、問題解決に取り組むに当たっての前提**です。ある人は問題と思っても、ある人は特に問題だとは思わないとか、ある人は重く見ていても、ある人は軽く見

■ 図表47 「観念の枠」によって見え方が異なる

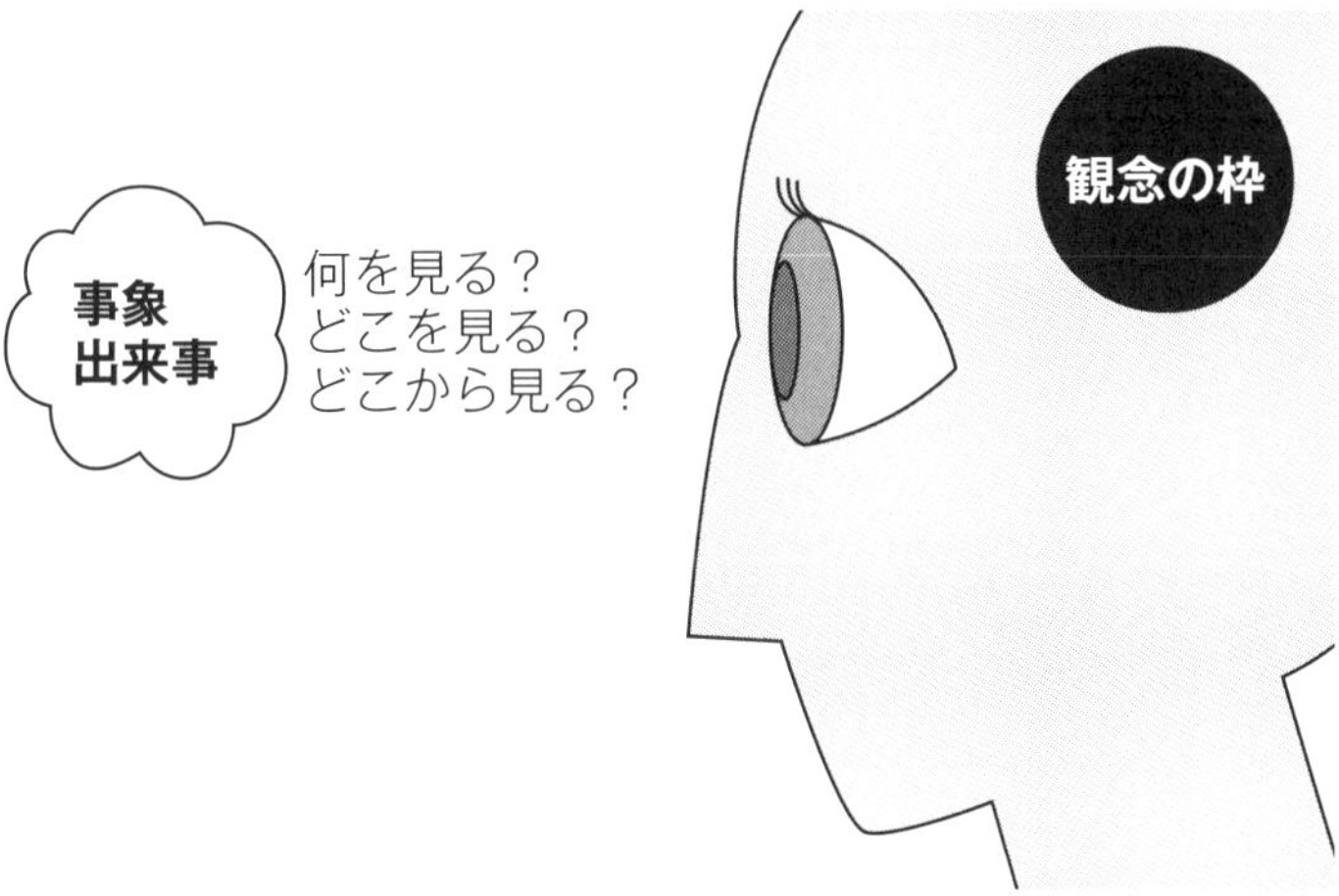

ているというようなことが起こってきます。そして、この関与者の受け止め方や考え方の違いが、実行段階でも現場に混乱を生み、新たなる問題を招く結果をもたらしてしまいます。

このように問題解決に取り組むに当たっては、まず問題そのものを定義する前に、**問題に取り組む基準としての「観念の枠」の存在に目を向けなければなりません**。企業統合や多国籍企業のプロジェクトなどで混乱が起こるのは、ほとんどの場合、この「観念の枠」の違いから来るコミュニケーションのズレです。

人は自分の体験や立場によって自分の「観念の枠」を形成させていきます。それはほとんどが無意識のうちに徐々に積み上げられていきます。したがって、人は自分の「観念の枠」の特徴にはなかなか気づきません。また、気づいても、心理的な防衛が働いて、なかなか調整したり、書き換えたりしようとしません。人は心理的にパターン行動をとりがちです。「観念の枠」は物事に対する認識パターンですから、最も変えたくない、また触られたくない領域です。たとえば、人間関係に重きを置く「観念の枠」の人は、組織の置かれている課題達成を軽視した行動をするし、課題達成に重きを置く「観念の枠」の人は、人間の心理を軽視した対応を行いがちな傾向があります。

問題解決の中で、「観念の枠」が大きく影響するものの1つに、**創造性の発揮**があります。創造性の発動を阻む「思考の箍（タガ）」とはまさに「観念の枠」のことです。「自分には創造力がない」「自分は創造が苦手だ」と思い込んでいる人は、たとえ潜在的には創造力があったとしても、「観念の枠」の力が創造力の発動を押さえ込んでしまいます。「観念の枠」は、人間に内在する意欲や能力の発揮や他者とのコミュニケーションのあり方に影響を与える存在でもあります。

「観念の枠」の観点から思考のあり方を見てみると、たとえば、分析思考は失敗しないための思考につながる面があります。つまり、分析思考に長けた人は論理思考的であるので、論理で答えを見出せない創造的な世界に挑むことを避けようとしがちです。

創造性を発揮するには、リスクを恐れない前向きな思考や心の図太さが必要になります。無理だと思う「観念の枠」からは創造的思考と行動は出て来ません。ですから、創造的に問題を解決するには、創造をするための思考を持つだけではなく、これを支える「観念の枠」を持っていてこそ、能力が発揮されることになるということになります。

「観念の枠」は思っている以上に深遠で、心の問題としては根が深い存在です。したがって、**「観念の枠」を調整したり、まして書き換えたりするには、本人が内面でよほどの行き詰まり感を認識していない限り、修羅場のような緊張的体感を触発する体験が必要**になります。

◈価値観と自尊観

人の認知や判断を構成する「観念の枠」は多種多様の切り口が存在します。

その中でも、問題解決行動にとって重要な意味を持つのは2つの観念です。それは、自分の外に対する見方である「**外延モデル**」と、自分自身に対する見方である「**内包モデル**」です。

外延モデルを司るのは「**価値観**」という世界です。これは世の中や対人に対する評価や判断に直接関わる観念で、特に人の論理面に影響します。世界観、社会観、人間観といった領域です。

一方、内包モデルを司るものを「**自尊観**」といいます。**自尊観と自尊感情は表裏一体**です。孤独感や劣等感といった自尊感情は自尊観に導かれます。自尊観は人の感情面に影響を及ぼします。

【価値観について】

価値観に「良い、悪い」はありません。また、そのパターンも千差万別な領域に渡ります。教育学の祖であるジョン・デューイは人間の基底的な価値観は「科学」「道徳」「芸術」「宗教」という4つの世界観で構成され、それぞれ、「真」「善」「美」「聖」によって基底されると述べています。

価値観はこの４つの基底的価値に対する指向と比重判断から発動されます。そして、基底的価値を元に、「貴ぶこと」「大切にすること」「欲すること」「好むこと」「興味すること」、そして「享楽すること」との結合とそれに対する値踏みによって価値観は構成されるとしています。

問題解決における価値観は、個人や集団が自分の外界に向かって機能させるときに働く価値観以上に、集団を維持したり、安定させたりするための機能として働く価値観の方が重要になります。

外に対する価値観が重要となるのは、問題解決が開発タイプの場合で、その解決の方向性を明確にするときです。何を目指したいのか、どういった地点を目標とするのか、といった領域において必要となる価値観の定義の明確化とその摺り合わせです。

たとえば、それは集団の持つ目的観や世界観であり、使命感です。さらにはその集団が置かれている背景の社会がどういった価値観に従って動いているかなども、外してはならない内容になります。

◈価値観は問題解決のすべての段階に影響する

問題解決において価値観は、まず問題解決のための「情報収集の仕方」と、「意思決定」のプロセスに大きな影響を与えます。

情報収集は、五感認知によって成り立ちます。そして、この五感認知は収集に対する価値観、つまりその人なりの好みに左右されます。情報収集に対する価値観は「**事実分析タイプ**」と「**直観類推タイプ**」に分かれます。

事実分析タイプの特徴としては以下のようなことが見られます。

①知覚的、感覚的に情報を捉える。
②物事を演繹的、帰納的に捉える。
③実際的・現実的である。
④部分に固執し、観察的、細目的である。
⑤問題点を明確にしたがる。

⑥正確さを要求する

分析思考中心の人は、概ね情報収集もデータ中心の事実収集に偏った観念に傾倒します。「分析収集」という価値観は、事前に大前提を設けてその範囲を調査していくという枠組みで物事を捉えます。この枠組みは物事を緻密に捉えた事実データによって、現在の延長上に思考を組み立てていくときに役立つ観念です。

とはいっても、このスタイルは、最初から情報収集の枠組みが固定化されていますし、あくまでも「事実」という証拠から情報収集しようとするので、視野や着眼点自体が狭く、そのような中からの情報をどのように異質に組み合わせても、そうそう奇抜なモノは出てきません。

直観類推タイプの特徴としては以下のようなことが見られます。

①直観的に情報を感じ取る。
②物事を仮想的に捉える。
③第六感を考慮したりする。
④部分の収集には限界があるとみて、全体を漠然と捉える。

⑤問題を漠然と見て徐々に収束させる。
⑥概念を重視する。

直観類推タイプの場合、情報の源泉に類推も加味された中で自由で解放された視野で情報に接触していきます。そうすると、人と違ったところや人が気づかないところに目が向きますから、かなり異質な情報を得ることができます。しかし、気をつけないと、論拠のない現実離れした主張に陥ってしまうことになります。いわゆる「アイデア倒れ」になってしまう場合が多いと言えます。

創造は空想や妄想とは違います。直観収集という観念は大切ですが、それを基軸に思考も意思決定も感覚的なモノに偏らせてしまうと、問題解決が空論になってしまったり、非現実的な中で混乱に陥ってしまったりします。発想的には奇抜で新規なモノが期待できます。

問題解決の出力段階における意思決定も、価値観の影響を受けます。意思決定は内省認知による判断という観念が影響します。意思決定での観念は「**論理思考タイプ**」と「**情動感情タイプ**」に分かれます。

論理思考タイプの特徴としては以下のようなことが見られます。

①合理性を重視する。
②客観性、公平性、公正性を第一とする。
③事実データをベースとした思考。
④ルールにこだわる。
⑤妥当性を見る。

論理思考タイプの場合は、提起された問題の焦点や解決案を論理による因果関係のあり方で判断して意思決定します。したがって、合理的とは言えますが、一方で未来は因果関係の証明が不可能な場合があり、合理にこだわりすぎると、「見えない因果関係」「未学習の因果関係」を見逃し、潜在的な機会を逸してしまうことが危惧されます。

情動感情タイプの特徴としては以下のようなことが見られます。

①共感性を重視する。

②人間関係など主観性を第一とする。
③人がどう思うかどう感じるかといった思考。
④感情をベースとした判断。
⑤人間一人ひとりの感受性や成長に目を向ける。

情動感情タイプの意思決定は、大胆な行動が選択される余地があり、アブダクションのような仮説を持って取り組むときには大きな牽引力を持ちますが、好き嫌いや怒り、悲しみといった情動に基づく不安定な感情に左右され、一時の感情やその場の感情といった非合理な力によって判断され、意思決定を大きく誤らせる場合があることを注意する必要があります。

このように、思考タイプはどちらが良いというわけではなく、すべてはバランスで成立しています。大切なのは状況との適合です。

かつてアメリカの大手自動車メーカーの1つ、クライスラー社の立て直しに貢献したリー・アイアコッカ氏には、フォード社の経営から退陣するときに後任者に向かって、「君はＭＢＡだから気をつけた方が良いことがある。あそこでは、物事を事実思考的に1円でも合わなければ徹底的に調べろと教えるが、経営では99円まではあっという間に調査できても、後の1円に数カ月費やしてしまうことがある。それで好機を逃しては何にもならない。一番大切なのはタイミングだ」と言い残したというエピソードがあります。これは経営的な実務においては非常に大きな教訓です。

バランスやタイミングが大きな力を持つような状況の中で、情報収集をよりダイナミックでかつ現実的な内容とし、思考の適切な活用を促し、そして意思決定を生産的でかつ効果的にするには、集団による協働作業や合意形成による問題解決の進め方が求められることになります。

また、意思決定に関する価値観は、思考過程における心的許容度という世界もあります。これは一言で言うと、「あいまい状況」の許容性です。巷で良く言う「頭が固い」といった見方はその好例と言えます。

たとえば、「あいまい状況」に対する許容度が低い価値観の人は、たとえ物事に対する手がかりが複雑で矛盾しているような状態でも、自分は輪郭の正しいはっきりした意思決定を下すことができると考えます。そして、他の人が行動を起こす気持ちになれないようなあいまいな中でも強引に突き進もうとします。しかし、その反面、せっかちで強情、時に無謀な思考行動を取りがちになります。

一方、あいまいに対する許容度が高い価値観の人は、物事に対する手がかりがあいまいではっきりしない場合には、我慢強く流れを達観する態度をとります。また、複雑で新奇な状況に安易に飛び込まない、聡明で慎重な意思決定をします。ただし、あっさりしていて粘り強い迫力がない行動をとりがちになります。

◈「観念の枠」をマネジメントする

「観念の枠をマネジメントする」とは、まず自分の心構えの枠組みを知り、それを問題解決といった目的に対して有効となるように調整し、修正することによって健全にすることです。そして、さらに「観念の枠」の枠組みを拡げて、太く逞しく、そして柔軟にすることです。

問題解決において、この「観念の枠」を効果的にマネジメントすることは、個々人の能力開発と同じくらいに大切な取り組みになります。

「観念の枠」の多くは、無意識で非言語的な思考の枠組みです。したがって、「観念の枠」をうまくマネジメントしたり修正したりするには、自分の「観念の枠」を顕在化させる必要があります。

それには、自分自身を振り返り、自分の認知の傾向から、「あるがまま」の思考や「観念の枠組み」を内観し、そして枠組みの本質を究明した上で、生産的な「観念の枠」の形成に向けた自己介入をしていくことが最も自然なアプローチとなります。こういったプロセスを「**内省**」といいます。

人にとって最も歪んだ「観念の枠」は、「自分は常に正しい。自分だけが正しい」という枠組みで物事を捉え、判断している人です。こういう人は、（後で述べますが）自尊観が低く、自分を振り返ることを恐れるあまりに自分自身を振り返ることがないため、「観念の枠」を書き換えることが非常に困難です。

このように何かがうまくいかないときや解決すべき問題が生じたときには、単にその原因を周りに求めるのではなく、自らの「観念の枠」の歪みやズレを探求することも大切な着眼点になります。

成長する人材は、常に自己を振り返り内省することができます。それによって、社会や組織の大義との間にある今の自分の「観念の枠」を深く思索的に見つめ、あるべき自分やありたい自分に向けて、自分の信念や観念を調整して自信や前向きな姿勢、そしてエネルギッシュな気持ちを作り出します。また、それを他者に開放的に見せることで、相手と真の信頼関係を築くことができます。

さて、「観念の枠を」調整したり修正したりしようとするなら、体感認知と内省認知の相互作用にも注意が必要になります。体感認知によるインプット情報がリニューアルされない中で、従来の記憶という知識を中心にいくら内観をしても心の変化は起きません。一方、いくら新しい体感や経験を通して新しい情報に触れても、しっかりと内省してこれまでの記憶の意味づけを再構築しなくては、やはり変化は起きません。

変革理論は、ほぼすべて「見たいように見ている自分に気づき」、そこから抜け出して「あるがままを受け止める」ことが重要であると主張しています。つまり、ゼロベースでの思考が重要ということです。

ここでいうゼロベースとは、禅における「無」の考えに通じます。そういった観点からか、最近では「観念の枠」の調整に坐禅による瞑想を取り入れる人が多く見られます。アップルのスティーブ・ジョブズもその一人でした。

現在では、感情認知である体感認知は体感学習で鍛えられるし、論理認知である内省認知も瞑想によって訓練できることがわかっています。つまり、**「観念の枠」は訓練によって書き換えることが可能であることが認知心理学によって証明されています。**

◈「観念の枠」を柔軟にする

「観念の枠」は、私たちの人生経験そのものです。社会経験も豊富になると、さまざまな場面で使われる実に多くの「観念の枠」が内在されてきます。

この豊かな「観念の枠」のおかげで、人は日々の一連の行動のほとんどを自動化させています。そして、自動化できない部分に関しては、身の周りから必要な情報を探し出し、それを「観念の枠」で処理して、その状況に合うと思われる判断をしています。

人は「観念の枠」にしたがって行動し、それがうまくいくとその行動を繰り返します。この繰り返される行動は、やがて「観念の枠」を意識しなくともほぼ自動的に行われるようになっていきます。実際、人は生活や仕事において行動の7～8割を無意識下で行い、顕在意識で考えてとる行動は2～3割に過ぎないと言われています。このことは、**「観念の枠」の7～8割が無意識に発動しているということを意味しています**。

しかし、「観念の枠」の書き換えは容易ではありません。なぜならば、日常人が意識している「観念の枠」は2～3割程度に過ぎないだけでなく、そもそも自分がどのような「観念の枠」を持っているかの全体像がわかっていないからです。

観念の枠を柔軟にするには、自分の観念を「知ること」から始まります。したがって、「観念の枠」という概念を理解した上で、常日頃から自分がどのような「観念の枠」を持っているのか、どのような影響を与えているのかについて内観しておくことは極めて重要なことです。しかし、内観は頭脳労働（ヘッドワーク）ではありません。

アリストテレスによれば、人の心は「意性」と「知性」と「情性」の3つの要素で成り立ち、それらが三位一体で、かつ三面等価の関係で存在しています。ここでいう「意性」を「観念の枠」と解釈することができます。

意性は、知性と情性によって形成され、知性と情性は意性によって制御される関係にあります。この関係から見ますと、いくら知性、すなわち思考の開発をしても、感情の開発がないと意思は開発されないということになります。また、自分の意思、すなわち「観念の枠」を認知するには、意識的に思考する考え方のみならず、無意識的な感情のあり方も認知しなければならないということになります。

こういった人の「観念の枠」やそれを組み立てる様々な論理を研究し、それを社会に応用しようとする試みが「**認知心理学**」です。しかし、認知心理学によるアプローチは一定の限界があります。それはすべてのアプローチが思考の中で処理されることです。

「観念の枠」を形成するものの1つである感情は、「体感」という言葉に代表されるように、五感を駆使してなされるものです。現実の世界は体感しないとわからない、因果関係が至る所に暗黙知として隠れています。

世の中では「百聞は一見に如かず」という諺通りに、見て聞いて触って初めて合点がいくことが非常に多く存在します。「目から鱗」という諺もありますが、こういった合点がいく感動を伴った五感情報の体感認知があってこそ、精緻で心の琴線に触れる生々しい気づきや内省が可能となります。そして、その**沈思した内省認知が「観念の枠」に影響し、矯正や拡張、強化を促すことにつながる**のです。

人は実感のない思考だけでは行動を起こしません。一方で、ただ実感しただけでは一過性のものとして終わってしまいます。人はまず体感し、感受し、感動し、そして、その五感から情報を入手することで、気づきを呼び起こします。さらにその体感認知を思考して内観し、腹落ちさせたり、納得させたりして、得心として判断したときに、初めて「観念の枠」にスイッチが入ります。

それによって新しい行動が始まり、「観念の枠」の矯正や変容、拡張を起こします。

東洋の禅は教理的に「観念の枠」の矯正や基軸の確立を目指していますが、写経のような「理入（理《ことわり》から入る）」のみならず、そこに坐禅という「行入（行いから入る）」を取り入れているのが特徴的です。これは長い歴史の中で、その必要性や重要性を経験認識しながら組み込まれていったものです。

さて、健全で柔軟な「観念の枠」を確立するには一定の段階があります。それは、次の3つの段階です。

第1段階　現実を受け入れる
第2段階　論理的に考える
第3段階　柔軟な心構えをつくる

第1段階は、**現実を受け入れる**ことです。自分の行為で起きている結果は、すでに過去の存在です。過去は変えることはできません。また、過去を否定したところで前向きな未来が築けるものでもありません。

過去は過去としてそれを直視し、それを受け入れることから基点は生まれます。ただ、過去を受け入れるということと、過去を認めるということは異なります。

過去を認めるということは、過去の事実をどのように評価するかということです。特に、失敗の経験をネガティブに評価してしまうと、それは自己否定につながり、素直に新しい行動につながらないことがあります。そうではなく、「ただ失敗した。あのやり方ではうまくいかなかった」ということを学習すればいいわけです。

エジソンは、こう言っています。

「私は、うまくいかない経験を何回もしているが、それを失敗とは思っていない。その方法ではうまくいかないということを学習したと思っている」

第2段階は、**論理的に考える**ことです。世の中の出来事はすべて実存的な因果関係で成り立っています。人が思考や感情や身体反応という何らかの行動をとる場合、そこには反応としての行動を起こす「認知」という原因の論理が存在しています。ある認知に対してある反応をとる間には、その認知を解釈する基底想念、つまり「強い思い込み」というものが存在しています。それを強い「観念の枠」と言ってもよいでしょう。

基底想念が異なれば、同じ認知に対しても反応は異なります。自分にとっても周りにとってもマイナスとなる反応を引き起こす基底想念は決して得とは言えません。

自分の認知から反応につながるサイクルの学習パターンを分析的に知る（なぜそうなのかを認識する）ことは重要です。しっかりと内省すれば、そこに気づきが生まれます。**気づきが生まれれば、それをテコに基底想念を変えることが可能になります**。

ところで、人が気づくプロセスと閃きが起きるプロセスは同じ作用です。つまり、内省する思考プロセスと創造する思考プロセスは同じ流れとなります。また、論理的に考えるための感情の抑制に対してのアプローチは2つあります。

1つは感情の認知に対する**メタ認識**です。メタ認識とは、「意識している私を、一段高いところから意識してみる」という認識です。たとえば、「あ、俺は怒っているんだという感情を客観的に認識する」というようなものです。

このことは、「気づき」の弱い人は「閃く」力も弱いということを意味します。創造力を磨くということは、気づく力を磨くということにもつながります。

2つ目は、**感情の調整**です。感情の調整とは、たとえばゴルフでミスショットをしたときに、「ガー!」とか声を出してあとは忘れるという、タイガー・ウッズが実践していた「3秒ルール」みたいなものです。感情を否定するのではなく、「3秒間はそれを感じていいよ、でもあとはすっかり忘れましょう」というスタンスです。

両者は体感学習で訓練可能です。たとえば運動です。運動は大脳生理学的に感情をクールダウンします。運動には呼吸コントロールによる身体反応へのアプローチも有効です。また、音楽も効果的です。さらに記述などで集中することも、脳内にフロー効果をもたらしてして効果を出します。

第3段階は、**柔軟な心構えをつくる**ことです。問題解決の主流は論理です。しかし、感情は生理学的に論理を凌駕しますから、論理的に思考するには、まず何よりも感情を制御しないと始まりません。感情は操作できませんが切り替えることはできます。その上で自分の論理を検証してみます。認知から反応のパターンは人それぞれ千差万別です。自分のパターンのみが1つの正解ではありません。特に自分にとって損となるパターンは、柔軟に書き換えた方が得策です。意固地に自分のパターンを主張してもメリットはありません。

柔軟な心構えを作るには、違ったパターンを考えて試す、できればその違ったパターンを体感することが最良です。心構え（想念）を固定化させるのは思い込みとこだわりです。こだわりは過去の経験から導き出される未知への不安や失敗への自責感がもたらします。これらは誰しもが抱える感情の流れです。**大切なのは、失敗を恐れるのではなく、冷静に受容できる心構えです**。これも訓練は可能です。

認知論理療法の大家である心理学者のアルバート・エリスは、「人間が経験学習した中で生まれた体験的刷り込みによって、『観念の枠』（その人なりの認知）は作られる。そして、それが繰り返されることで不合理な信念となり、自動思考の助長によって、日常のマイナス的な反応行動に影響する」と主張しました。

【自尊観について】

自尊観は、その人の内包的観念の枠を司る自己概念です。つまり、「**自分で自分をどのように評価しているか**」という心の状態を言います。別な言い方をすれば、自尊観とは「**自分は社会的に存在価値がある**」と自分を評価する観念です。

一般的によく使われるのは、「自尊感」や「自尊感情」という言葉だと思います。しかし、ここで「自尊〝観〟」という言葉を使うのは、それが物の見方だからです。自分自身に対して感じている「気持ち」「感情」ではなく、まさに根本的な「観念の枠」と言えます。

人は、たとえ周りが自分を劣っていると見ても、「自分はここにいてもいい」と認知していれば、前向きで力強い行動や反応をとります。しかし、人がどんなに自分を大切に思ってくれていても、自分で自分には価値がないと認知すると、消極的で防衛的な行動をとってしまいます。

そして、人は誰でも「人と共にいたい」という欲求（マズローが言うところの集団帰属の欲求）があり、それを可能にするために、「**自分は大切な存在である**」と自己認識して自分自身を形作っていきます。このように、人生の中での持続的な欲求充足に対する行動の選択が、その人の人格形成を行っていきます。

自尊観は、人に受容されることへの尊厳観、人から認められ、尊ばれることへの優越観、そして前向きに何かを実現していく自己肯定観から組み立てられています。人はこれを満たすためにすべての行動を選択します。そのため、どんな人も心理の奥底では、この状態を満たしていると認知したいがために、時には演技をしたり、時には服従的になったり、時には過度にがんばったり、虚勢を張ったりという行為をとります。**人は自尊観を通して、満足感や幸福感、充実感、成長感を体感し、すべてにおいて前向きな考え方、姿勢、行動をとります。**

一方、拒絶されたり、軽んじられたり、劣っていると自己認知したときに、人は自尊観を失った感覚を体感し、否定的な考え方、姿勢、行動となります。こういったネガティブな観念は、屈辱感、孤独感、空虚感、無力感、絶望感、不安感といった感情を生み出し、それが裏返されて怒りや攻撃心を誘発します。

人は自尊観が歪んだとき、否定的な感情を覆い隠すために、自尊観を取り戻すべく反応行動をとります。これを「**防衛機制**」といいます。たとえば、失敗したときに、ものごとを合理化するとか、人のせいにするとかといった反応です。

自尊観は、対人関係の中で出てきます。心理学者のアドラーは、「人は他者と比較するからさまざまな問題を抱える」と述べています。容姿、社会的地位、頭が良い・悪い、などいろいろな比較をします。ですから、**自尊観はその時その時の対人間での出来事で影響を受けます。**

このような自尊観は、組織や集団での問題発生や解決に非常に深く影響を及ぼします。たとえば、「リーダーシップ」という視点から見た場合、自尊観が低下している人は、過度に厳密さを求めたり、反対に嫌われないようにするために過度に寛容になったりします。どちらも、集団マネジメントでは負の側面が多くあらわれ、鬱的症状を引き起こしかねません。集団はさまざまな人間関係のネットワークで成り立っており、個々人の自尊観の状態は見えない問題の原因となっていることがほとんどです。それは、単なる人間関係の問題ではなく、安全管理や品質問題、また戦略意思決定などにも影響を与えます。

◈自尊観を構成する3つの次元

自尊観は、その「こだわり」の深さによって階層的次元があります。

1つは幼児期から形成される原体験での自尊観です。自分が誕生した世界で自分が歓迎されていると体験し、自分の内面に即応した養育がなされたか否かで、感情的エネルギーのあり方が決まってきます。これは、「**基底的自尊観**」であり、一般的には劣等感とかトラウマなどの呼び方で代表される心の深層にある観念です。

第2に、特定の環境の中で体感される自尊観は、「**状況的自尊観**」と言い、心の表層にある観念です。

両者は明確に区分けしておかなければなりません。状況的自尊観は、置かれている環境、所属する集団のマネジメントや作業空間、あるいは集団環境によって擬似的に自尊観が低くされてしまっている状態です。劣悪な環境に置かれていると、どんなに健康な人も精神的に病んできます。最近の職場鬱などは、医者は個人を対象にする職業なので該当する患者だけを問題にしますが、現実的には上司が鬱を蔓延させているケースがそこら中で見られます。環境に手を打たない限り、「職場鬱」が発生する原因の根っこは断ち切れません。

そして、３つ目が日常のちょっとしたことで感じる「**日常的自尊観**」です。日常的自尊観とは、たとえば食事に入ったレストランで邪険にされ、つい大声を出して怒ってしまい、そんな自分に惨めさを感じたなどです。自尊観のあり様は、他者との相互関係の中でさまざまな感情や行動という形になって現れます。

人は、自分の欲求や願望が頻繁に挫折させられたり、自分の感覚や感情が無視されたり、自分の行動が意図した通りの結果を生み出さないという原体験を持つと、深層に自分の感覚、欲求、意思、感情、行動に尊厳があるとは感じられず、自分そのものが価値のない存在であるという感覚を形成してしまいます。幼少期であればあるほど、その感覚は無意識的となり、それだけ深く心のすみずみに広がり、後ろ向きな人格形成の土台となってしまいます。

実際は他者から尊敬されているし、客観的に優れた業績も上げているのに、劣等感に苛まれて、過剰に業績や他者の評価を気にし、他者への差別態度や自己顕示を行ったり、他者を受け入れられず無関心を装ったり、人間不信に陥ったり、一方で他者の恭順を強いる人が時々見受けられます。こういった人は概して低い自尊観に導かれて、無意識的に行動している場合がほとんどと言えます。

◈問題解決に影響を与える防衛機制

基本的欲求は、それが満たされないと、その欲求への過度の執着が生じ、強迫的なこだわりが形成されてしまいます。したがって、基底的な自尊観が希薄な人ほど、強迫的に状況的な自尊観を高めようと躍起になります。

基底的自尊観が未成熟だと、たとえば、誰からも受け入れられることを求め、自分の力を誇示したがり、賞賛を獲得することに執着し、嫌われることを極度に恐れるようになったりします。そして「今ここでの自分」が受容できず、常に「たら、れば、の自分」を追い求め、自尊観の迷宮に陥っていくことになります。

たとえば、自己顕示欲や競争意識の強い人は、一見すると自信がありそうに見え、そうした意識や行動は、優越観の強固さに起因するかのように思われますが、実際は、確固とした優越観がないために、「決して負けられない」「劣っている姿を見せられない」と心に歪みが生じ、それが過度な自分の顕示行動や競争意識になって表現されます。

一方で、しっかりと優越観を確立している人は、人との比較で評価するのではなく、自分の中の基準で自分を評価するし、たとえ人と競争しても、それを楽しむ余裕があり、負けたとしても基底的尊厳観は揺るがないので、相手をほめ称え、受け入れることができるのです。そういう人はことさら人に自分を印象づける必要を感じないのです。

こうした自尊観の希薄さとその補償としての強迫的な欲求は、度を越えた努力や競争心、強い顕示行動、評価への過度な敏感性といった心的態度のみならず、努力しない、無関心、ひねくれた態度、強情、自己正当化、時には心身症的症状といった偽装され、屈折した表現で行動される場合もあります。こういった行動が「防衛機制」であり、「回避的動機行動」ともいいます。

この自尊観に基づいた欲求充足の行動は、上司との間にも、同僚との間にも、部下との間にも生じます。これは人間としての内面的反応ですから、立場は関係ありません。

防衛機制は、自分の不安な嫌な気持ちを隠すために現れる態度や行動なので、一時的に嫌いな感情から逃れることができますが、根本的な問題解決に向けての姿勢にはつながりません。むしろ、かえって問題解決行動をマイナスにしてしまいかねません。問題解決を根本的に処置するには、先に述べたように自尊観を高めるというアプローチが求められます。

◈自尊観を高める

問題解決には自尊観が非常に大きな影響を及ぼすことがわかりましたが、では、どのようにして自尊観を高めていけばいいのでしょうか。

自尊観における自己信頼は、存在そのものへの広汎な信頼であり、自分そのものへの信頼です。この信頼は原体験から形成されます。自分の未熟さや、能力不足、欠陥、弱点をも、そのままに認め、受け入れたうえで、それらによって人間の価値が下がるといった感覚のない根底的領域です。

一方、社会的価値観は周囲が認識する特定の領域の中で、しかも評価とそれに見合う成熟が要求される世界観です。つまり、社会的価値を成し遂げるということは、それなりの愛や賞賛、自分の力への自信は得られることになります。しかし、それは、自尊観を獲得する動機とはなり得ても、状況的なものであって、一時的に目標達成しても、自分の目指す自信と同価値ではなかったり、あるいは自分の目指す自信と直結していなかったり、ひいては自尊観への執着が自信の領域ではないこともあります。

たとえば、それは父親または母親に認めてもらいたいという根源的な尊厳観や自己肯定観、すなわち「愛」への枯渇であったりします。

いずれにしても、**状況的自尊観や社会的価値観に依存して、活動することによって能力への自信をつけても、それによって基底的自尊観を向上させたり、希薄感を払拭したりすることはできません**。

大切なのは、「できない」とか「無理だ」と思っている観念、あるいは防衛機制によって誤魔化したりすり替えたりしている観念をいったん受容し、次に観念を書き換える作業を行うことが求められます。

自尊観を高めるには、次の８つのことに取り組まなければなりません。

▼①自分と自分の人生を受け入れる

過去の自分を否定したところに、新たな自分がいるわけではない。これまでの自分の人生を褒めてあげる。そして、未来を自ら選択していく。

▼②観念を幸福へ向けて方向転換をする

人生の目的は、自尊観の低さを埋めることではなく、幸福であることである。幸福であることに努力を向けることが大事である。

▼③自分の感覚や感情を素直に信頼する

自分の感覚を言葉にしてみることも重要である。嫌だと思ったら「いや！」楽しかったら楽しいと素直に表現する。

▼④周囲の人と心通わせる

周囲の人々が自分の周りにいてくれるだけで感謝し、素直に接する。みんなは、私と同じ大切な人と思い接する。

▼⑤自分が心から満足する行動をする

自分が心から満足できる行動をしていると、つらくてもそれ以上の充実感が得られる。

▼⑥自分の良いところを見る

劣等感は誰にでもある。人にとっての成長は、その無力な状態から脱しようと努力するところにある。欠点ではなく、自分の良いところを見るようにする。

▼⑦素直に表現する

自分の感じていることを素直に言葉にする。他者に配慮はしても、どのように思われるかを過剰に気にしない。

▼⑧自己暗示にかける

意識的に「自分には価値がある」と自己暗示をかけることで、否定的な自己暗示から抜け出せる。

◈問題解決と精神意識

社会行動において、理念や哲学観は組織や集団に帰属する人々の価値観を統一化し、様々な能力や行動の方向性を収斂させせる力を持つと同時に、その人たちの意欲を喚起させせる力を持ちます。最近、アメリカのマネジメントにおいても、「**スピリチュアル**」という言葉が重要ということで、取り入れられています。

こうした価値観によるマネジメントには、個々人がそれぞれ個人的に有する価値観を契約的に結合させるやり方もありますが、**個々人が共通する目的に向けて大同合意する価値観を通して一体感を醸成する方が、瞬発力も持続力も何倍もの量になります。**

たとえば、個人的に別の価値に使う金銭目的のような結束よりも、集団として共感的に達成できる価値による結束の方が、人々のエネルギーは相乗的に強まりますし、持続性もあります。

このとき、理念における価値観の統一性に大きく影響するのが、精神意識であり、霊性的自覚になります。これらは基底的価値観すべてに影響します。霊性的自覚は分別を超えた主観ですから、分別である知性による客観からは認識に至れません。

たとえば、不安という「苦」は知性や分別では解決できません。人は「苦」から脱しようという自覚を持って個々の価値観を生み出しますから、理念や哲学観のような価値観を作り、それを共有化しようとするときに、精神意識や霊性的自覚にそぐわない内容を打ち出すと、論理以上に直観的に拒否したり、反発したりします。そして、それは集団の動機エネルギーを減退させてしまうことにつながります。

また、こういった精神意識や霊性的自覚は、大衆の皆が心の底辺に潜在させていますから、これを軽視した活動や表現をすれば、顧客も取引先も離れていってしまうことになります。

こういった作用は多分に民族的歴史的な大地に根づいた、土着的に固有な世界観を持ちます。つまり、日本人は日本人として半ば本能に近いような領域で反応する観念です。**日本においては、そこの精神意識や霊性的自覚を考慮した思考や活動が求められます**。これは諸外国の世界で活動するときも同様です。まさに「郷に入れば、郷に従え」です。

精神意識や霊性的自覚といったレベルからの観念の枠を通して人が関わる問題解決を考えると、そのアプローチにおいて単に論理による合理的解決の追求では実践的な問題解決には至らないことが浮き彫りになります。

発生処理タイプの問題解決を除いて、**ほとんどの問題解決は、精神意識に影響された道徳観、芸術観、宗教観といった基底的な価値観をも考慮した中でなされる必要があります**。

第4章

問題解決における「チーム」

本章のポイント

「あんなに優秀な人たちが集まっている集団なのに、なんで問題ばかり起こしているの？」とか、「みんな口先で言うばかりで、なにも協力もしない。これじゃ問題がますますこじれてしまう」というような経験はないでしょうか。

米国のＮＡＳＡはあれほど優秀な人々の集まりなのに、なぜスペースシャトルの爆発事故を二度も起こしてしまったのでしょうか。日本には、「三人寄れば文殊の知恵」という諺がありますが、三人寄れば本当に良い知恵が浮かんで、問題解決が「すいすいと」促進されるのでしょうか。

問題解決というと、企業研修でも、個人に対して問題解決技術を提供し、個人の問題解決能力を高めるアプローチをする会社がほとんどです。もちろん、基礎力として個人の問題解決力を高めることは必須です。しかし、個人がさまざまな意味で集団、つまりお互いの関係性の影響を受けることは明らかです。

組織として問題解決力を高めようと思えば、個人の思考や行動に影響を与える「集団」を効果的にマネジメントすることを学習する必要があります。第４章は、問題解決の第３

の盲点である「集団の影響」について学習し、集団の問題解決能力を高める「コラボレーション」について理解していきます。

【第４章で学習すること】

❶問題解決における集団思考の影響と必要性を理解する。
❷集団思考が問題解決に与える功罪について理解する。
・集団思考の弊害と、それに陥らないための方法
❸日本文化において、集団思考で注意すべきこと。
❹問題解決の質を高める「コラボレーション」の意味と実践について理解する。
❺コラボレーションを実現するために、チームのリーダーが理解すべきことを学習する。

1 問題解決の効果性を高める集団思考とは

「問題解決」というとすぐに思い浮かぶのが「思考」です。そのため、「問題解決思考法」という技術の紹介には枚挙の暇がありません。

ところで「思考法」を含めて、これまで紹介される「問題解決技法」の対象は、あくまでも「個人」という領域が中心的になっています。しかし、果たして個人の技術力だけで問題解決の展開はうまくいくのでしょうか?

現実には、個人の生活から得られる体感認知だけでは、情報収集に一定の限界や偏りが出てきます。そして、カバーできる認知情報の範囲が狭い以上、内省認知や発想のパターンにも一定の偏りである「観念の枠」に応じて、それなりの限界が出てきます。

そういった状況を打破するためには、「**集団的な思考行動**」を活用することが非常に効果的です。元来集団は不完全である個人を相互補完する機能を持っています。だから人間は集団的な行動をとるわけですが、これは思考活動においても同様です。集団的な思考行動による知識の相乗的な触発作用は、問題やその原因が特定の個人の主観的な推論や認知判断に左右されることを防ぐことができます。そして、個人の偏った観念や保有する技術によって生じる問題解決のズレや歪み、漏れを補正することができます。

このように問題解決へのアプローチは、複数の人間がタッグを組むことによって、その精度を格段に上げることができますが、それだけではありません。**集団で思考行動することによって、個々人が持つ思考が相乗的に触発されることから創造的な作用も生み出されます**。創造性開発におけるブレーン・ストーミング会議などはその好例です。

また、個人の思考の枠組みの限界を突破する過程で、**集団思考がもたらす力は個々人の感情を牽制し、論理への誘引に対しても大きな効果を発揮する**ことになります。

たとえば、推論を支える客観性と言われる「準事実」の認定などは、それに関わる集団思考的な認知と合意形成によって成立します。したがって、交渉による紛争解決といった歴史的な人間の関係が大きな比重を占めるような問題は、集団的な思考による問題解決の過程が必ず求められてきます。

◈組織の問題解決におけるチームの役割

チームとは、「**一定の目的達成に向けて、2人またはそれ以上の人々がコミュニケーションや実態的な相互作用を行い、互いに力を認め合い、補い合って相乗効果を出す場**」です。

この定義からすると、企業などの組織もチームの一形態であると認識することができます。そして、効果的なチーム活動は、チームに所属する人たちが「**チームの目的に対して真摯な姿勢を持ち、課題達成に向けてお互いが他のメンバーに対して自分が疑問とすることをためらわずに口にでき、さらには自分と違う意見に耳を傾けながら役割的行動を合わせることによって相乗効果を発揮する思考行動をとる**」ことが前提になります。

このような人間行動が集団となった場合、特有の集団力学を生み出すことを「**グループダイナミクス**」と称します。グループダイナミクスは、1940年代にアメリカの社会心理学者レヴィンによって提唱され、集団行動の基本理論として知られています（図表48）。

一般に組織内での仕事において単独で済まされるものはごく少なく、そのほとんどはチーム活動を必要としています。そして、新たな発想やそこから導かれる成果の多くは、チームに所属する人々のしっかりとした相互啓発的な思考による良好で高品質な集団行動から生み出されます。新たな事業の開発も、大きなプロジェクトの推進も、あるいは大型の商談も、いずれも関係する人々のチーム学習的な思考による密接な連携が不可欠となります。こういった将来的に希望する姿と現実との差異を埋めていく作業の一つひとつはすべて「問題解決」の異なる顔に過ぎません。ですから、企業や組織といった世界においての問題解決は、すべからくチーム活動でアプローチしていくのが本質になります。

最近企業や組織では、こういった「相互作用によって相乗的な効果を生み出すグループダイナミクス的なチーム活動」のことを、**協働行動（コラボレーション）**と称し始めています。

■図表48　レヴィンの行動理論

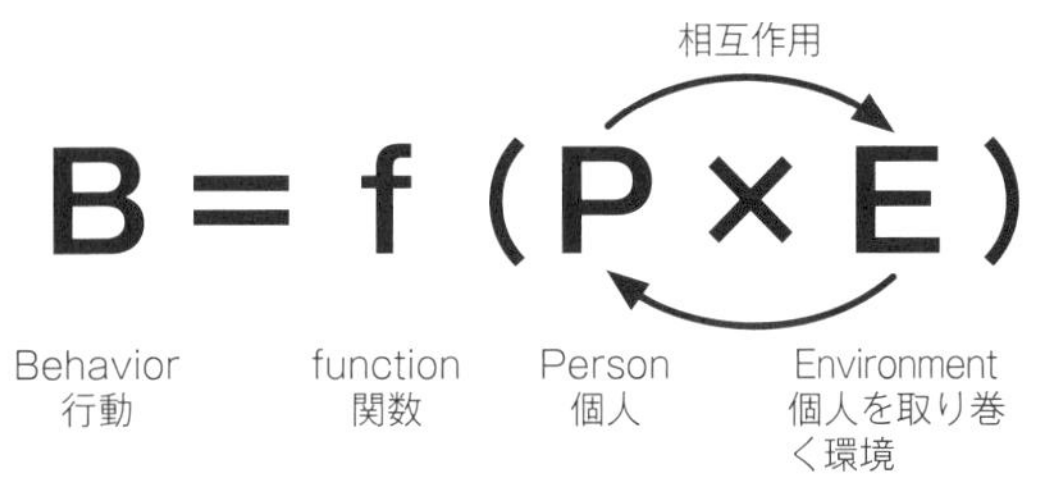

2005年から人口減少に突入した日本では、原則として市場は停滞から縮小の傾向に向かっています。こうした成熟した時代には、新しいモノや価値を創造していかなければ会社の維持は難しくなってきます。そして、コストが莫大となる高度化し複雑化した開発を乗り切って行くには、創造的作業も他社との共同開発が必須になってきています。

そのような事業環境の中で創造的な活動をしていくには、これまでのような「取り引き」を中心とした「勝ち・負け」的な競争関係から、「取り組み」を中心とした「勝ち・勝ち」的な協働関係、つまりコラボレーションへの価値観の転換が求められてきます。

それには、**目的に応じて社内外を超えて最適な人財をネットワークする集団的な思考行動力が重要な組織能力（コア・コンピタンス）となります**。

◈コラボレーションとは何か

今、多くの企業において、「**コラボレーション**」という関係行動こそが個人の持つエネルギーや創造性を増大させるということに着目し、「**職場におけるコラボレーション**」を活性化する手立ての開発に焦点が当たってきています。

その発端は、科学技術の将来は「データとしての情報のマネジメント」以上に、静的な「情報」を動的な「理解」に転換する「**創造を生み出す人間関係のマネジメント**」にあるという学術界の実践から導かれた事実でした。

コラボレーションは「**共有された創造のプロセス**」です。それは相互に補う技能を持つ２人ないしそれ以上の個々人が、それまで誰１人持っておらず、また１人では到達できなかっただろう、共有された理解を作り出すための相互作用です。そして、プロセス、成果、出来事についての共有される意味を作り上げる相互に影響する「関係のあり方」です。

英国の喜劇作家ジョン・クリーズ氏は、「誰かがまったく突然に単独で素晴らしいアイデアを思いつく、というようなことはない。アイデアは多くの人の発想が織りなした中で作られていく。本当に優れたアイデアは、誰かの最初のアイデアがほんの閃きに過ぎなくても、そこからもう少し使えそうなアイデアが他の誰かから出てきたり、あるいは誰かが意味をうっかりと取り違え、かえって結構面白いことを言う中から紡ぎ出されていく」と述べています。

◈ コミュニケーションとコラボレーションの違い

「データとしての情報のマネジメント」とは、情報を共有することによって個々人を啓発し、個人単位での創発や意思決定に影響を与える作業です。この情報を交換したり共有したり、時にはお互いの行動を調整することを目的とする行動が、**意思疎通（コミュニケーション）**です。

つまり、「コミュニケーション」は、関わる人たちがそれぞれにおいてが何をしたいかを話し合い、そして皆が同意したと考える事柄をまたそれぞれが実行していく個人的なプロセスと言えます。

一方、「人間関係のマネジメント」とは、単なる情報のやりとりではなく、利用できる情報と各自の専門的な知識から一緒に適切な意味を組み立て、相互の誤解を最小限に抑え、新たな創造的理解を生み出す環境を作り上げるという効果を生み出す行動です。これが**協働行動（コラボレーション）**です。

「コラボレーション」は、個々人が実際にそれぞれ行動するのと同程度に、単独では到底達成できなかったと思われる共有理解と付加価値を作り出すことに時間を費やして、触発による相乗効果を生み出していく集団的なプロセスであり、「**共創する理解**」を作り出す作業です。

そういった視点で組織におけるチームによるアプローチを考えますと、ミーティングや会議といった活動をはじめとして、その活動はチーム内でメンバーがコミュニケーションすること以上に、コラボレーションすることが大切であると言えます。**コミュニケーションは問題解決にとっての土台ですが、チームとして問題解決を行い、付加価値を創り出すには、コミュニケーションだけでは不十分です。**

最近のビジネスの現場では、ミーティングや会議に費やす時間の増加といったミーティング活動そのものが大きな問題になってきています。確かに不必要で非生産的なミーティングや会議による収益の損失は膨大と言えます。これにはＮＴＴデータ経営研究所が２０１２年10月５日に発表した『「会議の革新とワークスタイル」に関する調査』における「会議の45％は無駄である」という認識データもあります。

このデータによると、ミーティングに膨大な時間を生み出す理由として現場から上がってくる声で一番多いのは、チームに所属するメンバー個々人がチーム発足当初から他のメンバーに対して「**信頼への懸念**」を抱いているということであり、またその要因として多く挙げられているのは、「**自らのコミュニケーション能力の不備にある**」ということになっています。

こういった声を聞く限り、**コラボレーションの前提であるコミュニケーション能力が効果的な会議を行っていく上で重要な要因の1つである**ことは間違いありません。しかし、それこそ安易な先入観でそこだけに囚われてしまうと、原因をコミュニケーションの問題としてしまい、解決策としてコミュニケーションの能力啓発に取り組んだり、上手に会議を促進するやり方を導入したりすればよいという話になってしまいます。

ところが、私たちが実際に現場に赴いてミーティングや会議に触れますと、ほとんどのミーティングは、開催の目的自体が「情報の交換」とか「各自の見解の発表」や「基本線の確認」「個々の活動の調整」といったコミュニケーションだけの場になっており、ミーティングや会議の本義である、それ以前には存在しなかった認識や理解を作り出す場にはつながっていないという事実に驚かされます。つまり、**全員が一生懸命にコミュニケーションをしている状態が〝問題〟になっているという矛盾に突き当たる**のです。

確かにミーティングや会議にはコミュニケーションを目的としたものもあります。しかし、ここで上がっている現場の声は、真意としてミーティングや会議において明らかにコラボレーションができていない、ということを物語っています。

ミーティングや会議の目的は「問題解決のためのコラボレーション」なのに、実際はコミュニケーションしかなされていなかったとすれば、不満が出てくるのは当然のことです。

たとえば、創造性開発に有効なチームによる集団思考としてのブレーン・ストーミングの場合も、多くは単に個々人の意見の表明をグループで行っているに過ぎない状態になっています。せっかく多様な要素を持つ個々人がそこに集まっているにもかかわらず、「それぞれのアイデアの提案を、他人のアイデアに付加価値を与えるものにしようとするかに、誰もほとんど関心がない」というもったいない場面を到るところで目にします。

このことは、組織レベルにおける部門間での取り組みを見れば、より鮮明になってきます。部門の優先事項が他の部門の優先事項と根本的に異なる傾向にある中で、安易に部門間連携を行おうとした場合、コミュニケーションを促す取り組みがかえってコラボレーションを不毛にしてしまうという場面があります。「やっぱり、ウチとあっちは考えが違うよね」で終わってしまうなどといったことです。

もともと組織における部門は異なった目的を行うために専門分化して存在しています。たとえば、製造部門の使命はコストダウンであり、そのための標準化です。一方、営業部門の使命は顧客満足であり、そのためのさまざまな施策はコストアップの原因ともなります。このように、部門目的だけで見ると、製造と営業は正反対の使命と機能を持って存在しています。もともとコンフリクトする要素が多い機能同士の部門関係と言えます。それをコミュニケーションという情報交換レベルで単純に連携させようとすること自体が安易な発想と言わざるを得ません。

チームや組織での生産性に本当に必要なのは、単にコミュニケーションを行い、互いを知る以上に、**異なる質の相互作用による生産性向上**です。

それには、チームで「**共有された理解**」を作り上げることが必要になります。たとえば、コラボレーションとしての「ミーティング」や「会議」の場では、感情的な意地の張り合いや仮説の応酬をするのではなく、**仮説やその根底にある考えを互いに明らかにした上で、参加するメンバーのアイデアが率直に表に出てくるような対話の状態をつくる**ことが必要になります。

たとえば、部門ごとにで解釈の異なる「言葉の定義」を統一するといったレベルからの価値の相互理解に対する配慮が必要になります。すべては価値の創造にあり、コラボレーションはその価値創造のプロセスである、ということです。

たとえば、ミーティングの席上で、皆が顔を見合わせて意見交換している情景に対して、皆が同じ方向にあるディスプレイやホワイトボードのような画面を見ながら、誰かが見解を書き込んだら、それを見ていた他の誰かがそこに新たなる発想を書き加え、それを見ていたまた別の誰かが違った発想を書き加え、それによって最初の人が閃きを得て、そこに進化した見解を加えているような情景こそがコラボレーションしている関係の姿です。

こうしてコラボレーションは、２人以上の個々人が、自分たちだけの共有された経験と理解を作り出し、その相互作用は、その関係に新たな深みを与えます。そして、共通の背景を作り出し、友人関係を構築するプロセスと相似した作用をしていくことになります。こういった場合、異質な人たちが多様に組み合えば組み合うほど効果は上がっていきます。

今日、創造性を基盤とする**革新（イノベーション）は、均質なコミュニティよりも異なる技能や異なる文化を背景とした多様性のあるコミュニティによる協働関係から生み出されている**ということが日本においても次第に周知されてきています。

◈コラボレーションを組織運営に取り入れる

好意的な感情が活性することは、それによって多くの人の視点や発想が活発に交差することを促し、互いに思考の啓発作用を生み、アイデアを促進させることにつながります。

また、信頼的に作業することによって、思考の過程が前向きに共有され、暗黙知や行間が細かく共有されることになり、より深く幅広い視野からの問題発見や問題創造が生まれることもあります。さらには、参画的な雰囲気がメンバー全員に取り組みへのエネルギーを喚起させ、共感的に主体性や相乗性を生み出します。これらの作用がチームメンバーの自信につながって、チーム全体に勢いが生まれ、創造に拍車をかけた好循環が生み出されることになります。

こういったコラボレーションの状態は、参画するチームメンバー全員による「協力的な人間関係を保ち、それをテコに各自が適切な報告や連絡、相談を通した密接なコミュニケーションをとる」といった、チームに所属するメンバーが互いに打ち解け合うことから仕事のスムースな流れを求めるようなチーム思考を一歩進めて、「**メンバー個々が常にチーム全体のことを考慮しながら、各自がお互いに誠意を持って、たとえ物理的には遠隔であったとしても、自分の役**

割を超えた柔軟で建設的な関係行動を通して、チームとしての相乗効果を導き出す」というようなチーム思考から導き出されます。

そこでは、これまでのような縦社会を中心とした階層型の地位や権限によるチームマネジメントの進め方はフィットしなくなります。

これからのチーム思考を支えるのは、相互連携としての関係を作りあげるチームマネジメントになります。このマネジメントは上が下をマネジメントするといった縦の関係での進め方ではなく、チームに参加するメンバー全員が相互に横の関係で行うチームマネジメントになります。

こういったチームマネジメントによるコラボレーションの状態は、日常の業務においても、作業の報告や説明、情報共有、認知共有といった多くのコミュニケーション作業を軽減させますし、実施に向けての手戻りがなくなる、といった利点も生み出します。

ただし、ここで心に置いておかなければならないことがあります。

それは、こういった**効果的なコラボレーションは、日常の実践の積み重ねとチーム全体による日々の意識的な訓練から醸成されるものである**ということです。普段からの参画的な合同トレーニングなしに、いきなり試合に臨んでも上手くいくものではありません。つまり、継続的なチームぐるみの「**集団啓発の場**」を開発することが求められることを物語っています。

ところが実際の現場では、問題解決の表面的な技術や手法に目が向き、問題解決をより持続的に確かなものに誘う「チームづくり」や「チームマネジメント」という中核的な取り組みに関しては関心を持とうとしない企業や組織が多数あるという実態にぶつかります。

しかし最近では、こういった問題解決の成果に強く影響を及ぼすコラボレーションに関する研究が進む中、日本の企業や団体が置かれている国際レベルでの開発競争の激化という社会的な環境の要請もあって、特にグローバルな大手の企業や団体を中心に、「**オープン・イノベーション**」という考え方が出てきています。これは、企業組織内の知識に加えて、個人や大学、他の企業をネットワーク化して巨大な知識のプールを自社開発に取り込むという、大がかりなコラボレーション的な思考開発への取り組みです。

こういった動きは、「**今や一企業の知識の活用のみで持続的な成長を行うには限界がある**」という認識の中で作り上げられた手法と言えます。そして、日本の大手や中堅の企業においては、ここまでは行かなくても、社内が横断的にチームを組んで開発を行う取り組みが活性化してきています。

最近の代表例としては、富士フイルムの先進研究所の取り組みがあります。これは縦割りである各事業部の垣根を超えた複合的な研究所をオープンフロアの形で設置し、情報やアイデアを横断的に自由闊達にやりとりできるようにする場を演出した取り組みです。これまでとは違った観点から商品開発や組織のイノベーションをしようとするアプローチと言えます。

これまで日本企業は、確実なものを作ることを主眼に、事業部に事業責任を持たせる運営方式をとってきました。しかし、これではリスクのある新しい商品を開発するのは難しいし、ともすれば重要な情報が事業部の中に隠れてしまい、事業部を跨ぐような新しい機能を持つ製品は出て来ません。パナソニックなども社内におけるオープン・イノベーションに取り組んでいますが、これは組織レベルで事業部を横断するようなチーム学習的な思考の場の構築をしているのに他なりません。

◈部門を超えてのコラボレーションを円滑にする

組織で部門の枠を超えて何らかのチーム活動を行う場合、参画する個々人がそれぞれの立場に束縛されるあまり、本来の目的を見失うことがあります。集団内で生じる集団心性以外のさまざまな見えない組織特有の力が集団行動や個人の意思や行動に大きく影響します。

(1) 規範

大きく作用するのは、まず組織レベルでの集団規範の存在です。集団規範とは、良いとか悪いとかに関係なく、個人の行動に影響を与え、制約する組織特有の慣習やしきたりです。集団規範は組織単位のものもありますが、部門個々が特有の集団規範を持ち、その違いがコラボレーションに影響してきます。

(2) 権力構造

権力構造、秩序意識も同様です。部門ごとに組織特有のものもありますが、業態が持つものもあります。ある部門ではフラットな関係が、別の部門では非常に階層的に反応するということがあります。あまり思い切ったことはできない、変化に抵抗するといったことも個人の意思ではなく、外から作られた意識によるものが多く存在します。

（3）評価システム

評価システムも強くメンバー個々人の動きに影響します。たとえば、上司や部下のどういう行動を受け入れ、どういう行動を拒絶するのか、といった上下間の心理的な評価システムのあり方が意思決定や言動、態度に表れてきます。

メンバーが所属する部門母体による阻害は、上司の評価システムだけでなく、サポートレスのような部門態勢による影響もあります。実施部隊である部門母体や上位部門の賛成や反対の意思表示がないために、提案が宙に浮くことはよくあるケースです。

このことはチームを支持するはずの組織マネジメントの欠如によってももたらされます。持って行き方の不足によって、計画が実行に移らないということもよくあるケースです。

このように**チーム以外の要素がチーム生産性を阻害する**ことがあることに注視しておくことは重要です。特に、問題解決のレベルが組織横断的になればなるほど、チームが関係する組織内外の利害関係者（ステークホルダー）への働きかけはコラボレーションの成果を決する要因となります。

2 集団思考の弊害

元来人間は、その本性として「**自分の自己実現を満たす助けとなる人間関係**」や「**様々な人の創造性を共有する人間関係**」を求める意思があり、その意思に基づいた行動によってアイデアを共有したり、多角的な視点をぶつけ合ったりしてお互いの盲点を補い合っています。

それにも関わらず、本来は聡明である人々が実際に会話の場になると、なぜか相互に基本的な意図が誤解されて伝わったり、極めて重要なニュアンスすらまったく伝わらなかったりということが頻繁に起きてきます。同じ言語を使っているにも関わらず、聞く人によって別の意味に捉えられてしまうということが起きてしまっています。

その結果、**会話をする度に人々はイライラを募らせ、次第に積極性が低下し、やる気が喪失していってしまう**という現象が起きています。

これは、組織におけるミーティングのあり方そのものが、表向きは生産的なコラボレーションを行うという期待をしながらも、実態は組織が人々に対して一方的な考え方を押しつける、形骸的な儀式になっていることが原因の1つとして挙げられます。

今日、課題や機会、またそれが現れる環境はますます複雑になってきています。そして、こうした加速度的な複雑化の波を乗り越えるため、人はより専門分野における能力を磨いていきます。組織でも、課題を構成する1つひとつの要素を処理するために、個別処理能力の高度化を図り、そのための専門分化が進んでいます。

しかし、こうした**高度な機能分化は、全体が有機的につながってこそ、期待する成果を発揮します**。

組織心理学者のカール・ワイクは「複雑性の中において重要になるのは、グループが問題を処理するプロセス、分業のプロセス、互いの信頼関係、そして何を大切にして何を選択するかの価値観を共有することである。そうして、初めて複数の人間が単一の有機体のように、より活発に行動し、より広い問題領域をカバーすることができるようになる」と述べています。

つまり、**複雑性が増した世界では、当事者同士が異なることを相互に理解して、共有できる価値観をつくり上げていく対話作業がとても重要になる**ということです。

問題の中でも、特に創造的な領域においては、今やコラボレーション的な環境が前提条件になってきています。失敗しても安心していられる、馬鹿が言い合える、そして自由にふるまえる関係や場がないと、思考や行動が生まれてきません。

これは礼儀正しさが求められる「知り合い」の関係と本当の話ができる「友人」の関係の違いで考えると、容易に想像することができると思います。創造性が生み出されるは、肩の凝らない「友人との場」にいるときであるのは言うまでもありません。**このような生産的な関係が構築できていない場合、集団はとんでもない「負の思考プロセス」に陥ってしまいます。**

◈集団思考の弊害その1　グループシンク（集団愚考）

集団による問題解決は、個々人による単独での問題解決アプローチよりも生産性が高まりますが、いつもそうであるとは限りません。

集団思考には、集団行動ゆえに陥りやすい問題があります。これは「**集団心性**」と呼ばれる集団無意識層に働くチーム内個々人の前向きな動きが生み出す逆説的な現象です（図表49）。

その問題の1つが、一般的には「**グループシンク**」と呼ばれている現象です。その主たる現象は、すべての物事を集団で合意に至ろうとする心理的なプレッシャーから、**個々人の心理に**

「自分たちのとっている集団行動や意思表示を多様な視点から批判的に評価する」という考えが欠落してしまう作用のことをいいます。

この作用によって、グループの意思決定が間違った方向に向かってしまいます。グループシンクは、まとまりの強いグループほど陥りやすいというとても困った現象です。

集団意思決定行動におけるこのような現象は、１９７０年代にアーウィン・ジャニス博士によって、初めて「グループシンク」（集団愚考）として定義され、その後も多くの研究者によって議論されてきています。

このグループシンクの持つ問題性が、近年の

■ 図表49　社会活動における２つの輪

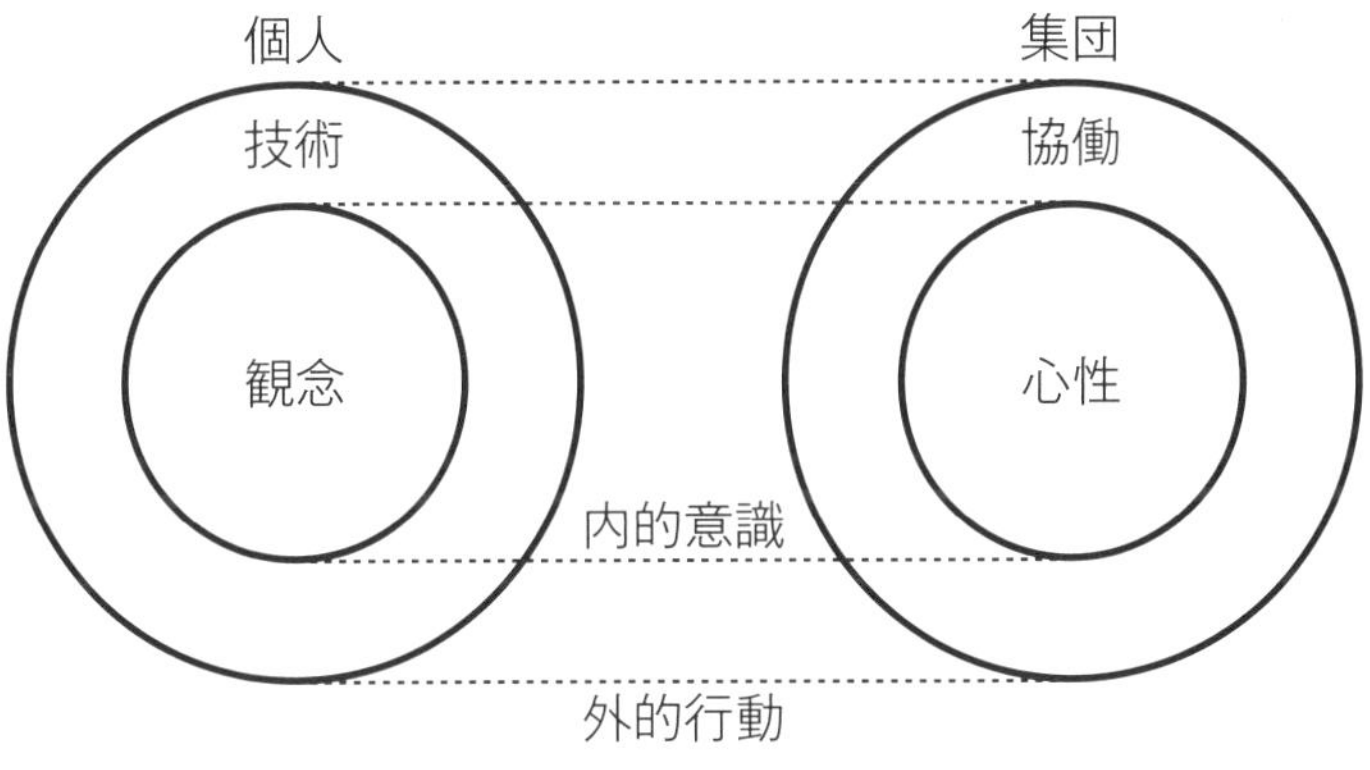

歴史の中で最も顕著に現われた例は、1986年に発生したスペースシャトル「チャレンジャー号」の事故です。先端的な頭脳集団であったはずのNASA（アメリカ航空宇宙局）において、間違った集団的意思決定による最悪のシナリオがもたらしたこの事故は、その後不幸にして発生した2003年2月のスペースシャトル2回目の爆発事故（コロンビア号）の背景とも無縁とは言えず、ある意味、現代ビジネスにおける複雑な意思決定プロセスに対する示唆に富んでいます。

ジャニス博士はグループシンクには以下の8つの症状があると分析しています。

①グループ内に過大評価が起き、自分達は何者にも負けない、傷つけられない、という幻想を持ち始める。そして過度の楽観が起こり、リスクの軽視が生じ始める。
②誰もがグループ固有の道徳体系や価値規範のようなものを疑いなく信じ始める。そして、自らの行動の倫理的・道徳的結果を気にしなくなる。つまり、何をしても自分たちが正しいと信じきってしまっているという状況になる。
③そこから閉ざされた心性が生じ始める。そして周りからの警告や他の情報を度外視するための（自己）合理化が起き始める。それは自己正当化と言い換えても良いかもしれない

（人間はすべからく自分は正しいと定義する傾向にあり、それを起点に物事を判断する傾向にある）。

④次第にグループ外の他者への偏見が始まる。外に対して「たいした相手ではない」「交渉するほどの相手ではない」などなど、他者の本当の姿を見極めようとせずに見下すような意識が働き始める。これは集団単位での自己防衛、いわゆる防衛規制の１つの描写と言える。

⑤そのうち、「単一」でなければならないというプレッシャーがかかり始める。そして、グループで合意するために誰もが自分の意見に自己検閲を始める。それによって、誰も疑問、反論があっても、口に出さなくなる。

⑥誰もが一斉に「多数意見＝合意」という共有された幻想を持ち始める。そのため、「黙っている＝合意している」という誤った前提のもとに話が進み始める。

⑦その過程で、グループは無意識にグループの物の見方に対して反対する個々人へ圧力をかけ始める。有言、無言を問わず、態度的に圧力をかけ始める。

⑧最後に、全員が自ら「心の番人」になって安心しようとする。無意識の自己防衛の１つであるが、誰もがグループの満足を壊すような情報からグループ自身を守ろうとする。

たとえば、前出のスペースシャトル「チャレンジャー号」の事故は、宇宙船のエンジンとブースターロケットのジョイント部分にあった「Oリング」というゴムパッキンの破損が原因で起きましたが、最大の問題は、この原因を関係者がみな事前に知っていたにも関わらず、抑止行動が働かなかったことにありました。**誰もが心では「危ない」と思いながらも、結果として誰も動かずに事故を招いてしまった**ということです。

この理由として、NASAのミッションチームが成功を期待するあまり、グループシンクの状態に陥り、以下のような幻想に陥ったと公式に分析されています。

①自分たちの行動は安全だ。
②自分たちのやっていることは正しい。
③自分たちの判断に間違いはない。
④外部の人間に自分たちの実態はわからない。
⑤どうせ自分がこれを言っても周りから弾かれる。
⑥誰もが大勢の意見に同調するべきだ。
⑦悪い情報には手を触れるな。
⑧全員の見解は一致している。

この痛ましい事故は、残念なことにチームが代替わりしたコロンビア号においても同様の悲劇を招いてしまいました。

ジャニス博士は、グループシンクが起こると以下のような7つの顕著なグループ行動が出ると論説しています。換言すると、質の低い意思決定がなされてしまうということです。

①選択肢を吟味しなくなる。
②目標を吟味しなくなる。
③望ましい選択肢についてのリスクを考えなくなる。
④当初採用しなかった選択肢は顧みなくなる。
⑤情報をきちんと集めようとしなくなる。
⑥手に入れた情報に対して偏見に基づいた処理をする。
⑦不測事態に備えた計画を準備しなくなる。

このグループシンクは、「同質な価値観による集団主義的な雰囲気の人たちが、本音を出し難くなっているチーム状態の場合」や「課題解決や論理的コミュニケーションに偏重した雰囲気に陥っているが、表面的にはまとまっていると感じているチームの活動の場合」、あるいは「集団内に支配的なリーダーが存在する場合」、そして「集団が外部と隔絶している場合」などに際だって起きやすいという特徴があります。

しかし、それ以上に、**本当に結束が強い集団だからこそ起こり得る**といった集団的な心性であることが重要な点になります。

グループシンクはどのような集団でも起こしかねない現象ですが、それには日本人の集団主義特性に起因する部分が数多く見られます。日本人の作るチームはグループシンクの轍《わだち》にはまりやすいことが伺えます。

グループシンクを避けるためには、異なった意見を十分に受け入れ、建設的な批判を重視し、選択肢の分析に時間をかけるなどの配慮が必要になります。特に、チームの個々人が相互にオープンで信頼感を持ち、各々が常に前向きに本音が言えるような状態になっていることが重要になります。そして、そのためには、**個々人が前向きで積極的な思考になれるように各自が高い自尊心を持ってチームに参画していることが鍵になります**。

◈集団思考の弊害その２　アビリーン・パラドックス

グループシンクと同様に集団行動に影響を及ぼす「集団心性」による無意識的な現象として「**アビリーン・パラドックス**」という現象があります。

アビリーン・パラドックスとは、**ある集団が何らかの行動を選択する際に、その集団に属する個々人が期待する思考とは異なる決定をしてしまう現象**をいいます。

たとえば、チーム内のコミュニケーションがきちんと機能しない状況下で、チームの個々人がそれぞれ「自分の考えはチームの総意とは異なっている」と勝手に思い込み、誰もが集団的な決定に対して異を唱えないために、チームとして誤った結論を導きだしてしまう現象です。

アビリーン・パラドックスは、いわば「場の安定」を維持しようとする意識から生じる「**同質的同調行動**」「**チームから分離されることの回避反応**」です。これは「場」を第一義に考える同質傾向の強い日本人が最も陥りやすい集団思考であるとも言えます。

アビリーン・パラドックスがグループシンクと異なるのは、その現象をグループに属する誰もが意識しながらも、互いが他者を「おもんばかる」ことによって、その罠に陥ってしまうことにあります。

この現象は、心理学者のジェリー・B・ハービーによる『アビリーン・パラドックスと経営に関する省察』という論文の中で紹介されました。この理論は、ハービーが妻の実家で実際にあった出来事から考え出した仮説で、その名称は現象を説明する小話の中でハービーが用いた町の名にちなんでいるそうです。以下はその骨子です。

ある8月の暑い日のお昼、アメリカ合衆国テキサス州の砂漠の中にある小さな町にあった妻の実家で、ハービーを含む家族がトランプ遊びをしていました。

そのような中、毎日同じような行動に嫌気が指していた妻の父が、ふと「隣町のアビリーンにレストランができたそうだから、今日はそこで食事をしないか」と53マイル近くも離れた隣町での食事を冗談で言い出しました。

それに対して、ハービーの家族は、本当は誰も行きたくはなかったにもかかわらず、妻の父や周りに気を遣ってはっきりと自分の意見を言わなかったばかりか、かえって同調的な意見を口々に言い始めました。

そのため、言い出しっぺである妻の父を始め、誰もが個々人ではアビリーンでの食事を望んでいなかったにもかかわらず、皆が他の家族は食事をしたがっていると思い込んで、日中に砂漠の中をアビリーンに行くことになりました。

道中はクーラーもない車で暑く、田舎道で埃っぽく、とても快適なものではありませんでした。ようやく着いたレストランの食事は、草履のように硬いステーキで、非常に不味いものでした。そして帰りはさらに時間はかかるわ、身体は痛く疲れるわ、といった這々《ほうほう》の体《てい》で帰宅することになりました。

帰宅するや否や、妻の父は文句と愚痴を言い始めました。そこで、心理学者であるハービーは実験的に介入をしました。「なんでこんな日にアビリーンに行かなければならなかったのか」「誰のせいだ」と口にすると、皆がそれぞれに悪者探しを始めましたが、結局犯人はいなかったということです。

いわば、皆が共謀していたということです。では、「なぜ誰も行きたくなかったのに、家族はアビリーンに行ったのでしょうか？」というのが要旨です。

こういった現象のことを、行きたくもないアビリーンという町に、誰もが変に気を遣ってはっきりと意見を言わなかったがために、皆の意思とは反対に行くはめになってしまったということから、ハービーの論文を引用して「**アビリーンのパラドックス（逆説）**」と呼ぶようになりました。

チームによく起こることですが、個々人がこの現象に気づかないがために、個々人の本意での総意とは違う流れで間違った道を歩んで行ってしまうことがあります。個々人においては、誰が悪いというわけではないし、誰もそうしたくないけど、**「何となく」という付和雷同が起きたために、集団行動として思わぬ結論になってしまう**、ということが、集団行動における弊害となってしまうわけです。

この有名な例として、ニクソン大統領のウォーターゲート事件があります。弁護士やＦＢＩといった専門家がついていながら、大統領がそれを求めていると皆が思い込み、犯罪行為であるにも関わらず、誰もが反対をせず、大統領も同様にスタッフに気を遣い反対しなかった、ということから発生した事件です。

会議の席で、合意に至ったものの、本当は全員がほぼ納得していないということがよくありますが、これも同じような心理による現象の１つです。

人はしばしば、集団の流れから外れることを嫌います。そのために、その感情に論理が負けてしまい、安易な妥協をしてしまいます。また、組織では誰しも「分離の恐怖」や「評価の恐怖」を感じます。この理論の要点は、**集団の抱える問題は、「不和」から生じるのと同様に「同意」からも生まれる**ということです。日本人の集団主義による集団心性では頻繁に起こる現象です。

◈集団思考の弊害に陥りやすい日本文化

よく「集団主義」と世界から認知される日本においてコラボレーションを考える場合、心理的コミュニケーションを左右する「感情」のあり方を支配する「観念の枠」における日本人の精神意識や霊性的自覚による集団規範の特性を民俗学的な観点から知っておくことは、非常に大きな意味を持ってきます。

日本人に限らず、**人間は無意識に独特の社会的文化の特性を持って場に臨んでいます**。その特性を考慮しておかないと、日本のミーティングでよく見られる「お見合い状態」といった場面に限らず、非常に無駄な集団活動を招きやすくなる、ということを認識しておくことは大切です。

たとえば、日本人は元々の特徴として言語学的に「類推」を基調とする曖昧なコミュニケーションを行う文化がある、ということがあります。様々な局面で物事を相手に率直に言わず、婉曲的に表現し、相手に解釈を委ねるコミュニケーションを好みます。

日本ではどこに行っても「あうん」とか「以心伝心」という世界が求められます。これは文脈的に同質文化であることを前提としたコミュニケーションの中で場の空気の維持を最優先する反応からもたらされますが、最近のように多様で異質な価値観が混ざり合った時代ではなかなかそれが通用しない場面も多いようです。

また同様に、日本人の多くは反対意見を出し合って検討し合うということを心理的に受け入れない傾向もあります。言語的にも否定だけではなく、「しかし」とか「でも」といった逆接的な単語表現に感情的な反応を示す人も多くいます。こういう特性が集団活動の過程での相互の認識において様々な齟齬《そご》を生み出しやすい環境をもたらしています。

日本人は集団心性を発しやすい民族と言えます。そして、こういったことがミーティングのような集団活動において非効率な動きを助長しています。

こういった日本人の文化的な特性に対して、今から50年近く前に民俗学者である中根千枝氏はその著書『タテ社会の人間関係』（講談社）において、「日本人は対人関係において論理的交流よりも感情的な融和を優先させる特性とそれを軸とした集団主義の文化を作り出しているため、はっきりとした意思表示を避けさせる雰囲気を生み出す」ということを論説しました。

中根氏は、「日本は明治以後加速度的に欧米化が進行したと言われているが、社会の中での実質的な人間関係には未だに様々な伝統的なあり方が存続している。たとえば企業の中で、組織構造など目に見える部分は同じであっても、意思決定のあり方や会議の進め方、外部との折衝のあり方などでは非常に日本独特のやり方が取られている場合が多く存在しており、また話の内容は同じでも、その手続きの仕方や運び方は欧米とはまったく異なっている」と述べています。そして、「一見生活形態は洋風になった様に見えても、日常のやりとりの仕方は中世とほとんど変わっていないといった面が多々見られ、市井においても、挨拶や儀礼が西洋風に簡略されたとしても、今の若い人の中でも上下における根強い関係意識などが人間関係や集団行動のあらゆる場面に顔を出してくる」と続けています。

中根氏はその上で、「日本では会議運営を始めとしたチーム活動においても、そういった伝統的な文化の影響があり、議論の進め方などの集団活動のプロセスのあり方は、明らかに昔でいうところの『寄り合い』における進め方が基軸になっている」と説いています。これは中根氏の著述から50年経った現在もほとんど変わらない話だと言えます。

中根氏は、こういった事例を紹介しながら、日本の社会集団やその行動のあり方に対して多くのことを示唆しています。

たとえば、どの社会においても人はその社会認識における価値観を「職業や身分による存在」において行動する「資格社会」集団と「会社とか学校といった枠による存在」において行動する「場社会」集団とに二分されると分類し、その社会集団ごとで異なった行動特性が存在する、と述べています。

そして「資格社会」においては、他人に対して自分を社会的に位置づける場合、教師であるとかエンジニアであると自己紹介するが、「場社会」だとA社にいるとかB大学出身である、といった自己紹介をする様な特徴がある、と述べています。

その上で、**日本は圧倒的に「場社会」で形成される民族である**と分析しています。確かに日本の場合、受験や留学などの意思決定も、自分が有したい専門性やその学識を持った「資格」よりも、ハーバード大とかオックスフォード大のような有名校といった「場」が選択基準になっているケースが多いようですし、それが当たり前となった社会基盤では、採用でも企業側は学生が何を専門として身につけてきたかよりも、○○大卒といった「場」の価値観で採用判断をしているケースが多いように思われます。

また中根氏は、「日本は『場』の力が個人の持つ『資格』の力よりも圧倒的に大きな役割を持った集団認識をする民族で、日本人は『我』という個人よりも所属する集団を優先し、それも多くの場合、非常に感情的な要素に影響される。そして集団における行動に対して、極めて感情的な関係が論理的な関係以上に意識的にも行動的にも影響して、それが相互の関係作りや関係維持におけるコミュニケーション活動に影響を与える民族である」と述べています。

その上で、「西洋のように資格が共通性の基点になる社会では、そのまま生産性や能率性といった機能を中心に単純に集団が形成できるのに対して、日本のように場による共通性が基点となる社会の場合、まずは機能といった論理の前に、情的で恒久的な『信頼の枠』作りが必要となり、いわゆる『寄り合い』に対して一体感を持たせるような情的な働きかけとか所属する個々人を情的に結びつける『同胞意識』作りのような演出やチーム作り策が不可欠となる」と述べています。

こういう観点から日本の組織における集団行動の特性を捉えると、これまで巷で紹介されているような西洋が中心思想とする組織経済学からの輸入理論をベースとした「論理的なコミュニケーション」や「個々人の知的能力向上」による「ミーティング・ファシリテーション」に偏ったアプローチでチーム作りや会議運営の処理をすることは、いずれ限界に行き当たってしまうことが予測できます。

日本においては、常に「集団心性」の存在に目を向ける必要があります。そして、それを乗り越えるには、**集団の一体感作りや個々人の集団に対する心理的懸念の除去といった感情面に目を向けた、行動科学的、集団心理学的なアプローチが必要になります。**

最近では日本においても、人々の前向きなチーム活動の重要性が次第に強調され始めてきているようです。しかし、多くの組織の現場では、未だに日本の民族文化から導かれる心理や意識といった領域を軽視した、西洋の理論に傾倒された中でのチーム学習的な思考の効率性を訴える展開策が大勢を占めている状況と言えます。

ここに日本の企業や団体における「チーム学習的な思考の意味やその開発」に対する壁の一端が垣間見られるように思えます。

◈集団思考の弊害から抜け出すにはどうするか

ジャニス博士は、集団思考が「集団心性」によって負の状況に陥らないようにするためには、それを避けるための努力をする必要がある、と述べています。それは、以下のようなものです。

(1) チームの個々人は、お互いに「客観的な評価者」としての役割を求めて、常に反論や疑問を出すことを促すこと

まずチームに関わる姿勢というものが、チーム学習的思考に大きく関わってきます。たとえば、批判や反論を許さないような雰囲気を持った政治的で権威者的なメンバーがいると、他のメンバーの中に「その人の右に倣え」といった雰囲気が出てきてしまいます。求められるのは、全員が忌憚のない意見が言える場です。

一方で、ジャニス博士は忌憚なき議論の場が求められる反面、そういった場は時間がかかったり、互いを傷つけあったりすることになる恐れがあり、ひいてはそれが個々人の士気や互いの関係に影響を与えるかもしれないといった点があるので注意がいる、とも述べています。

また、そういったことを意識するあまり、逆に場が「アビリーン・パラドックス」を生み出しやすい同調的な空気になってしまうことにも注意をすべきであると言っています。

そういった「集団思考の弊害」的な状況を乗り越えるには、まずメンバー全員が自分自身を内観し、自ら低い自尊心で他のメンバーに対し、ネガティブで防衛的な攻撃的発言をしたり、互いを中傷したり、感情的に好き嫌いで発言をしたりせず、また自己正当化に執心せず、建設的に思考したり発言することが望まれます。

そして、**常に皆が率直に自分の意見を言える関係や場を作る**ことが求められます。また、反対意見が出せないようなマイナスの雰囲気の場の状況に陥らないように、**事前に信頼関係作りを個々人に対してではなく、チーム自体に行っておく**必要があります。

（2）チームリーダーは、自らの好み・期待を述べるのではなく、常に公平であること

チーム内の公平性の確保には、何よりもチームリーダーの役割姿勢が問われます。チームのまとめ役であるリーダーは、オープンな議論を奨励するなど様々な選択肢を検討するといった場の雰囲気を作るのが役割責任であって、リーダーの見方に意見を合わせようとメンバーに思わせるような行動をとってはならない、ということです。

メンバーをまとめ、方向づけるためにビジョンや目標を述べることは非常に重要ですが、それが私的な好みになったり、他のメンバーに要らぬ気遣いをさせたりするようになることは避けなければなりません。

チーム内に公平な場を作るには、リーダー自身の能力として、**何よりもメンバーの話を真摯に聞く傾聴力やメンバーの気持ちを察する感受性、そしてメンバー同士の信頼関係を作れるような、複数人に対しての対人関係調整力**が求められてきます。

（３）同じ問題について、複数の独立したチームで重複的に検討すること

問題への取り組みを１つのチームだけでのやり取りに閉じ込めてしまうと、他者からの客観的な介入の遮断による主観的偏見の発生、という問題が出てきます。

これを防ぐためには**同じことを２つ以上のチームで検討することによって、様々な観点を取り入れることが重要**になってきます。これは良い意味での相互牽制機能ともなります。

その反面、非効率になったり、組織の中での主導権争いが起きたりといった、政治的な問題、責任があいまいになるといった問題も同時に出てきますので、運営には配慮が必要となります。

いずれにせよ、任せっぱなしではかえってマイナスの結果となってしまいます。

（４）選択肢の実現可能性や効果について検討をする際は、チームをさらに２つ以上のサブグループに分け、検討を行うこと

時間やコストはかかるかもしれませんが、それなりのコストをかけることによって、グループシンクを防ぐことができるとジャニス博士は言っています。

こういった取り組みのいくつかは、アビリーン・パラドックスのような集団規範の排除にも役立ちます。

3 コラボレーション能力を開発する

集団思考やその効果的実践としてのコラボレーションは、組織における問題解決にとって非常に重要であるが、一朝一夕ではできないことも理解しました。では、どうやってコラボレーション能力を高めればよいのでしょうか。

◈チーム内の言語を統一する

将来に関するすべての仕事は、言語の面から発生します。効果的に機能するチームは、メンバー同士が結ばれていて、相互に尊重されて、ルールが遵守されている、すなわちコミットメントがしっかりしたネットワークを持っています。

「依頼や約束は誰が誰に対して行うのか。それを遂行するためにどのように会話が運ばれるのか」。**チーム内のネットワークを構築するのは、「言語」という手段を使ったコミュニケーションから始まります**。言語は単に情報を交換するためのものではなく、意味や共有される理解を作り出すためのメディアです。

また、イメージ、印象、理由、記憶、そして思考を呼び起こすものでなくてはなりません。そして、コミュニケーションとは言語による会話のネットワークとして、心の地図を伝達することであり、自分が見る世界をそれと同じように他者に見させる手段と言えます。それによって人と場を結び、関わるすべての人の行動を調整する役割を果たします。そういう観点からすれば、**会話はそれ自体に技術が必要になります**。技術によって、誰が、何を、誰に、いつ言ったのか、そして、そうした会話の最終成果は実際に何であったのか。会話によって何が行われ、何が行われていないか、というコミュニケーションの質が決まります。

また、言語は口述（バーバル）ばかりではなく、視覚という言語（ノンバーバル）も重要な機能を果たすことにも注意が要ります。たとえば、「わずかな抑揚の変化や動き」「ボディランゲージ」「書かれた文章」も「口からの言葉」と同じくらい意味を持つ言語です。

１枚の絵は１０００の価値を持つと言われています。同時に、的確な言葉には１０００枚の絵に匹敵する価値がある、とも言われています。それくらい**言語の持つ力は大きく、その使い方は重要な意味を持ってきます**。

コラボレーションを行う人間関係において大きな技術となるのが言語です。思考や意思疎通を形成する言語が持つ機能は４つあります。

①まずは言語そのものが持つ機能です。文化は固有なボキャブラリーによって構成されています。意思疎通は何かを示す概念を表現する適切な言葉を示し、共有するところから始まります。**あらゆるチームはそれぞれ十八番（オハコ）となるような言葉や言い回しと言った言語的な特性を有しています**。こういった言葉はチームの思考に反映されて価値観を形成します。

②メッセージの中に潜むある種の情報的含み（**ニュアンス**）による機能があります。たとえば、日本では、会話に加わっている人に階層関係を示す暗黙のルールがあり、メンバーにそれを強要します。

③言語自体の表現パターンが思考のパターンを作り出します。

④あるものを他のものよりも言いにくくさせる機能があります。たとえば、自分にとって不

便な表現を敬遠して、使いやすい表現方法をとるといった場合があります。

コミュニケーションを円滑にするには、まず言葉の役割を押さえ、事前に言葉の意味を共有させておかなければなりません。言われていることを本当に理解していると思って、実のところは何もわかっていない、といった解釈に違いのある中でのコミュニケーションは危険です。

実際、企業の中では誰もが皆同じ話をしていると思っていても、現実にはマーケティング、製造、研究、総務、経理、営業相互の会話は通訳が必要なことがあります。

現場では「彼らは私の言っていることを1つも理解していない」という呟きがそこら中で発生しています。これが会社間となると目を覆いたくなるような場面ばかりです。

こういう事態が発生するのは、皆は言語の重要性を直観的には理解していますが、それを表現するための文脈性に欠けていることに気がついていないことが大きな要因となっています。

それを打破するには、「**今使っている言語に対する意識をより高める**」、具体的にはその組織で使われているコトバの「意味論集」を作成するなどが役に立ちます。特に、統合された組織同士や文化が異なる組織ではとても重要です。

以前ある企業同士の大型合併で、その組織での「海外赴任」という言葉の持つ意味が異なり、相互不信が高まった例があります。「海外赴任」という言葉が、一方では「夫人同伴は当たり前」であるのが、一方では「1人で行くのが当たり前」といった具合だったわけです。違った習慣や文化を持てば、言葉とそれが指し示す現地はかなり異なるものです。

◈ 対話の重要性

コミュニケーションをコラボレーションにつなげていくのが対話です。対話とは、リラックスしながらも真剣な状態での意見交換を言います。

こういった対話の世界は、共有する理解を生み出すことを通してアイデアを生み出し、メンバー内の誤解をなくす作用をします。そして、こういった環境は科学のような知見ではなく、働きかけのスキルによって作り出すことができます。

会話の仕方、スケッチの利用、議論のあり方、そして、合意形成の進め方に対しての設計と介入の妙によって、効果性を飛躍的に上げることが可能になります。

【働きかけのスキル】

①視点を合わさせるためのホワイトボードや焦点を当てるレンズとしてのチャートやマップ、

マトリックスといったモデルフォーマット、イメージをビジュアル化するスケッチ、立体的にするプロトタイプといったツールを使う。
②対話をスムースにするための行司役としてファシリテートをする。
③認識やイメージがずれないように言語を共通化する。
④解決につなげる論理がずれないように思考のパターンを共通化する。
⑤前向きなやり取りが相互に付加価値をふかし合えるような場を用意するために、メンバーが心理的安定感を生み出すための信頼関係を築く。
⑥また、そういった心理的場を支える上でのプロセス管理に求められる、時間（制限）、明瞭状態、レイアウトといった物理的な場を作り出す。

また、チーム活動の論理的側面と心理的側面のコミュニケーションを整理することも大切です。それによって対話がコラボレーションにつながるかどうかが決まります。

コミュニケーションの論理的側面は、たとえば、「言語を合わせる」「思考パターンを拡げ、論理の展開過程を合わせる」「共通のモデルを使って解釈の進め方を合わせる」などです。

しかし、**論理的側面以上に留意したいのはコミュニケーションの心理的側面**です。たとえば、個人の創造性はチームによる創造性に及ばないことは確かですが、そのチームがしっかりと凝集していないとかえって活動はマイナスになります。非生産的な集団とは、表面的な社交、美辞麗句によるコミュニケーションが営まれているチームです。

この心理的なコミュニケーションのあり方が対話の質を決め、それがコラボレーションを生み出すきっかけとなります。

行動科学では、人は所属するチームの中で信頼と愛、そして自由なる自分を発見したときに、はじめて自分に肯定的になり、不適応のある人はそれを克服し、人間関係が改善され、創造的になれると捉えています。

それは、**「真実の自己が表明されるところに、お互いの深い理解を促進する契機があり、従来は自分がなしえなかったような新しい行動を冒険的にとって行くところに、従来の枠組みを打ち破る契機がある」**という考え方です。

私たちは、論理としては理解できても感情的には受け入れることができないということを自由に表現できることが、人間関係を現実的に促進し、その結果、革新的で建設的な行動を模索し始め、新しい創造的な行動に取り組み始めることができます。

つまり、**創造性を育む集団活動を実現させるには、集団に所属する個人が単に論理的に交流**

したり、前向きな言動をしたりするだけなく、ネガティブな感情的なやり取りもなされ、それを処理できることがとても重要です。

◈ コラボレーションを生み出すマネジメント

最近では上意下達での影響力の行使を「**マネジメント**」と称するのに対して、コラボレーションの中心となるチームにおける横同士の関係を円滑にする影響力のことを「**ファシリテーション**」と称するようになってきました。

ファシリテーションとは「推進する」とか「促進する」という活動を意味します。効果的なコラボレーションをファシリテーションするためには、まず論理的側面でのファシリテーションが求められます。

それは「**目的、つまり計画**」のファシリテーション、「**役割、つまり責任分担**」のファシリテーション、そして「**手段、つまり進行**」のファシリテーションの３つの要素を効果的に機能させていくことです。これらをチェックリスト的に整理してみると、次のようになります。

（1）目的の明確化としてミーティング計画を立てるファシリテーション

①ミーティングの具体的な目的は何か、それを達成したということをどのように知るのか？
②誰が参加するべきでどんな情報を持って来るべきか？
③どこで開くべきで、ルームレイアウトと必要な機器は何か？
④中断をなくす、あるいはそれを最小限に留めるにはどうしたらよいか？
⑤始まりと終わりの時刻は何時にすべきか？
⑥このミーティングの議題は何であるべきか？
⑦議事録をとるのは誰で、どのように配布するのか？
⑧決定事項が実践されて、チームに報告されることを確実にする方法は？
⑨失敗する可能性があるのは何か、そしてどのようにそれを排除したり、最小限に留めるのか？

（2）責任分担を明確にして機能させるファシリテーション

それぞれの役割責任を担った推進者が協力してミーティングをファシリテーションするようにミーティングの場を設計することが重要になります。その上で、全員が責任を明確にしてミーティングに臨んでいくことが求められます（図表50）。日本において役割責任で不明確になりがちなのは、提案者とリーダーとコーディネーターの区分が曖昧であることと、ファシリテーター（行司役で時には外部者が望ましい）の存在を軽視することです。

▼提案者（プロデューサー）

懸念や問題意識を持ち、チームに正確な情報を与え、問題解決・意思決定を成功させるため最初から最後まで関わる役割責任をとる。

▼ミーティングリーダー（ディレクター）

ミーティングの事前計画、導入、運営をし、チームにフォローアップを提供する役割責任をとる。

▼情報プロセスコーディネーター

適切な情報プロセスを使ってチームをコーディネートし、責任を持ってアウトプットを形に残す役割責任をとる。

▼ファシリテーター（オブザーバー）

ミーティングの途中やミーティング終了後のフィードバックの中で、チームがチーム効果性スキルを高めていくため促進剤となる役割責任をとる。

▼参加メンバー

懸念に対する専門知識や異なった見解を提供する役割責任をとる。

▼チーム全員共同

チーム全員は、成功させる責任を持つ。開催されるミーティングの到達目標や狙い・意図を出席している人たち全員が当事者として共有する。

（3）ミーティングの進行を円滑にするファシリテーション

以下の内容を事前、会議中、事後にチェックすると効果的なミーティングが運営できます。

①目標の明瞭さ（目標が明瞭で全員で共有されているかどうか）
②リーダーシップ（リーダーシップが課題の達成に対して適切かどうか）

■ 図表50　ファシリテーターの機能

役割	主要な責任	同時が可能な役割	同時が不可能な役割
提案者	懸念や問題意識を持ち、チームに正確な情報を与え、問題解決・意思決定を成功させるために最初から最後まで関わる役割	ミーティングリーダー	情報プロセスコーディネーター
ミーティングリーダー	ミーティングの事前計画、導入、運営をし、チームにフォローアップを提供する役割	提案者または情報プロセスコーディネーター	ファシリテーター
情報プロセスコーディネーター	適切な情報プロセスを使ってチームをリードし、責任を持ってアウトプットを形に残す役割	ミーティングリーダー	ファシリテーター
ファシリテーター	ミーティングの途中や終了後のフィードバックの中で、チームがチーム効果性スキルを高めていくため促進剤となる役割	参加メンバー	提案者
参加メンバー	懸念に対する専門知識や異なった見解を提供する役割	ミーティングリーダー 情報プロセスコーディネーター オブザーバー	提案者
チーム全員共同	チーム全員は、上記の役割をとる責任を持ち、成功させる責任も持つ。開催されるミーティングの到達目標や狙い・意図は出席している人たち全員が共有する。		

③時間（全体的に現実的で適切な時間配分が徹底されているかどうか）
④雰囲気（オープンで支持的で、友好的な態度や雰囲気になっているかどうか）
⑤情報プロセス（情報処理の適切なプロセス管理が上手くなされているかどうか）
⑥積極的な傾聴（一度に一人ずつ話し、明瞭で、適切なところでわかりやすく言い換えるというようなコミュニケーションがされているかどうか）
⑦ビジュアル効果性（適切で効果的なビジュアルテクニックが上手く用いられているかどうか）
⑧参加度合（全員が交流し適切なところで貢献しているかどうか）
⑨相違と葛藤（相違や葛藤は前向きに対処されているかどうか）
⑩コミットメント（参画と集中）（そのときのタスクが達成され、メンバーが責任を理解して専念しているかどうか）
⑪チーム批評（チームメンバーがミーティングの途中の適切なときや最後に、チームや自分自身の発言をオープンに批評したかどうか）

（4）コラボレーションにおけるファシリテーターという機能を学習する

ファシリテーターとは、チームメンバーに対して中立的な立場でチーム目的や集団状態の両面に対して、コラボレーションの円滑な推進を行うための働きかけを行う存在です。

進行方法や進め方、プログラムなどに関する促進・支援をするだけでなく、相互の信頼関係などにも関わります。時には、個々人の内面にある考え方や価値観などに関しても促進・支援も行います。たとえば、以下のような項目です。

▼場をデザインする（場をつくり、つなぐ）

目標の共有から、協働意欲の醸成まで、チームづくりの成否がその後の活動を左右します。中でも大切なのが協働のプロセス設計です。問題解決プロセスといった基本となるモデルをベースに、活動の目的とチームの状態に応じて相互作用がおこる場づくりをします。

▼対人関係を円滑にする（自ら受容し、引き出す）

傾聴、言い換え、質問、主張、非言語的メッセージの解読などを自らが実践しながら、チームメンバーにも発言を促したり、話の流れを整理したりすることによって、チーム意識と相互理解を深めていきます。単に論理的にやり取りするのみならず、言葉の裏を読み取って真意を理解しながら前向きな状況を作り出していくために対人や状況への感受性が求められます。

▼協働の内容を構造化する（内容を整理し、かみ合わせる）

論理的にしっかりと議論をかみあわせながら、議論の全体像を整理して、論点を絞り込んでいきます。それぞれの段階や場面で、大同小異、総論賛成各論反対な意見や、認識の異なる言葉の定義を確認しながら、相互理解を促進し、参加者の認識の一致を確認する必要があります。ここでは論理的な思考力を駆使しなければなりません。加えて、ビジュアル化するツールをできるだけ多く頭に入れておいて、メンバーの概念を想像的に統合させていかなければなりません。

▼意思決定に向けて合意形成する（分かち合って、腹落ちさせる）

議論がある程度煮詰まってきたなら、コンセンサスに向けて意見をまとめて導いていきます。問題解決でいえば、意思決定のステップです。多くの場合には、ここで様々な対立が生まれ、簡単には意見がまとまりません。対立解消の技能が求められ、ファシリテーターの力量が最も問われるところです。そして、ひとたび合意ができれば、活動を振り返って個人や組織の学びを確認し、次に向けての糧としていきます。

このように問題解決を実践化していくためのコラボレーションを実現していくには、単純に問題解決のプロセスを論理の流れとしての成果を出すように表面的にマニュアル的に思考を辿れば良いのではありません。その中身の質が上がるように、また計画した内容や討議した成果がきちんと実践に活かされるようにプロセスの品質管理を行っていくことが必要不可欠になります。

そして、プロセスには常に水面下で人間が対人行動や集団行動において特有に醸し出す感情的な世界があります。

それは信頼感や疑念、不安や不満といった人間の心理から醸し出されてくる、移ろいやすく、そのくせ根深い力を持った領域です。そしてその感情は根底で「観念の枠」に支配されています。「観念の枠」は思考のあり方に対しても直接的に影響をしています。この領域は一筋縄でファシリテーションできる存在ではありません。

特に、日本人は、集団意識という「観念の枠」に影響されて、集団思考を中心とした認識や判断、行動をとる存在であると言えます。この集団思考は個人の思惑を離れ、集団自体が１つの力学的心性を持ち、それが個々人の無意識的思考や行動に影響してきます。**集団思考の弊害をよく理解し、マネジメントにはそれを起こさない関係を創り上げていく努力が求められます。**

4 コラボレーションを実現するための集団と組織への介入

コラボレーションを行う上で最も大きな条件となるのは、何よりも個々人がチーム内で「主体的」に動くことです。そうでないと、チーム活動は、逆に作用してネガティブな状態を引き起こします。このようなことを理解しチーム活動を生産的に導くために、私たちは「プロセス」ということについての理解を深める必要があります。ここでいうプロセスとは、チームメンバーの関係性から必然的に生起する、チームの中に起こっている関係行動や心的状態を理解する概念です。

プロセスを理解し効果的に対処するには、**小手先の技術能力「スキル」の啓発ではなく、人間の観念や感情に関する知覚（センス）を学習することが必要**です。そして、それはいくら座学的に知識学習だけをしても体得できるものではありません。センスは「**保有している情報の質と量**」と「**経験的に学習した着眼力**」のかけ算で成り立ちます。この「経験的に学習した着眼力」は言葉には仕切れない暗黙知が含まれる領域です。言葉に仕切れない領域の学習は五感的に体感することから身につけることが求められます。

◈プロセスがネガティブな状態になっている例

次のようなチーム状態が見られるときは、プロセスがうまくいっていないと言えます。

▼意味がない喧騒状態

会話自体は活発になるが、各自、自分が関わっていないので無責任な発言が横行する。

▼問題の拡大

各自が責任転嫁したり、そのためにできないことへの合理化をしたりして、問題の範囲をどんどん大きくし始める。

▼夢想的目標提示

実践が頭にないため、自らの領域を超えてすべてに関わるような最大公約数的な抽象的で一般的な内容を主題とした、結局はスローガン倒れとなる完全主義のベスト案を出そうとする。

▼原因の制度への転嫁

組織や経営管理の仕組みや制度の局面に話を持っていき、自らが関わらないようにする。

▼依存的行動

問題解決よりも問題評論に傾倒し、実行計画につなげない。たとえつないでも「提案する」とか「上申する」といった内容になって自らの実行策は出ない。

このようなネガティブなプロセスを感知し、そのような状態に陥らないようにチームに属する個々人が「主体的」に動くような「自発的な情熱パワー」を湧き立たせるには、次のような姿勢が求められます。

①個々人が、他者やチームに対して自然体で防衛的でない。
②個々人が、率直に自分の考えや思いを語り、他者のそれを傾聴し受容できる。
③個々人が、結果に対して自己責任を持って他者に責を求めない。
④個々人が、お互い様とかお陰様という共感的な心構えを持つ。

⑤個々人が、相互理解と尊厳心によって前向きで創造的な気持ちになる。
⑥個々人が、お互いに気づきと成長感を持つ。

このような姿勢を醸成するためには、**参加する全員が事前に、あるいはチームが初期の段階に高い自尊観を持ち、お互いの価値観をチームの価値観に調整するようにマインドセットをしておかなくてはなりません。**

また、有効に集団的な啓発を行うには一定の前提条件があります。

①参画する個々人が問題解決に関わる領域で何らかの専門能力を持っている。
②意識としての責任感があり、主体性を持って関わっている。
③問題解決に向けての目標を共有し、了解している。
④参加する他者に対して尊敬と寛容、そして信頼関係がある。
⑤多彩な表現形態（伝達言語のレパートリー）がある。
⑥共通するコミュニケーションパターンを持っている。
⑦討議関係と執行関係の切り替えが容易にできる。

⑧また公式と非公式の切り替えも容易にできる。
⑨遊びの感覚が備わっている。
⑩識見に対する情報補助（行司）として外部を上手に活用している。

このような条件の中で、お互いが常に相手の考えや思いと気持ちを理解しながら、自らの考えや思い、気持ちとの間に接点を生み出すことが求められます。

しかし、人は誰しも現象や事実を白紙状態（ゼロベース）で見るのではなく、それぞれの経験や学習による背景に支配された枠組み、すなわち「**観念の枠**」と言われる主観を通して理解します。「観念の枠」は、言動や意味の捉え方、反応行動、コミュニケーションパターン、あるいは思考過程や意思決定の姿勢などに現れてきます。当然前提となる枠組みが違えば、理解も違ってきます。実際、単独で創案した内容を他の関係者へまず理解・納得してもらおうとすることが並大抵なことではないということを経験した人は多いと思います。

問題の事実があいまいで「推論」が必要な場合や、認知の入り込む余地が大きい場合は、問題に関わる人たち事前に相互の「観念の枠」をしっかりと擦り合わせておかないと、お互いの接点が持てない事態に陥ってしまうことになりかねません。

たとえば、ある部署の責任者が、いくら直属の部下に「問題に気づきなさい」と注意しても、その部下が上司と同じ枠組みを持っていない限り、部下に問題意識は生まれないでしょう。

問題解決を効果的にするには、まず関わる人たちの枠組みを共通にすることが求められます。ちょうど人としっかりコミュニケーションをとるには、まず言語を共通させなければ始まらないのと同様です。

こういった条件を整え、チーム活動としてそれを活かしていくには、メンバーがコラボレーションという目的のためのトレーニングを受けていることが役に立ちます。たとえば、「ゼロベース思考」と簡単にいいますが、これは雑念や観念の偏りに囚われない思考です。これを体得するには思考訓練ではなく、たとえば瞑想のような無心になる体験学習が求められます。

効果的なコラボレーションをしていくには、次の事柄に対する「**体感的な経験と理解**」を個々人のみならずチームの力として身につけることが必要になります。

①各人が相互に、変化する状況の中で常に相手の考えや気持ち、行動を予測しつつ、様々な選択肢を用意し、お互いにとって最善となる動きをとる。
②相手と自分の考えや気持ちを摺り合わせるために、互いの言語や価値観、目的観を共有する。
③取り組む内容や内容を進める過程（プロセス）、お互いの状況に対して率直に思いを表明でき、そして傾聴できる信頼を持つことを通して共感の場を作り出す。

チーム啓発的な思考や行動がしっかりとなされ、チームメンバーに一定のチーム啓発的な思考や行動の条件が満たされると、70％以上のチームメンバーにやる気が出て、チームが活き活きとして能率的な状態になってくると言われています。

◈プロセスを見る眼

では、どのようにすれば、良好な集団心性が働くコラボレーション行動を生み出せるのでしょうか。

チーム作りの大家である行動心理学者ジャック・ギブ博士は、「集団形成期において人間は、所属する集団に対して必ず誰もが集団心性として４つの根源的な懸念を抱く。これは論理では解決できない人間の感情的領域の問題である」と分析しています。

心性とは心の性質のことです。心は〝要素〟ではなく、〝関係〟で見ていくと非常にわかりやすく解することができます。心の要素はいくら分解してみても、決して見えてきません。ところが、その要素同士をいったん関係の中で見てみると、それまでは見えなかった様々な性質が発現してきます。

ギブ博士は、「チーム内の４つの根源的な懸念を処理し、縮小させない限り、人間はチーム行動としての生産性以前に防衛心を強く働かせマイナス行動に突き進み始める。この行動は集団力学的に共振化され、負のスパイラルを増大させる」と述べています。

チームの生産性は、個人の成長とチームメンバー相互の凝集性に比例します。個人が集団単位で同時に成長し、相互関係を高参画・高熱中化させるのがチーム作りであり、引いてはコラボレーションの本質と言えます。したがって、「コラボレーション」の入り口である「チーム作り」に当たっては、この４つの懸念を段階的に解消する手立てを講じる必要があるということです。

（1）受容に対する相互懸念

ギブ博士は人間が集団に参画するに際しての4つの懸念として、最初に「**受容の懸念**」を取り上げています。

人間の心性として、チームメンバーは自分のチームに所属するに際して、最初に「自分はこのチームの他の人たちに受け入れられるだろうか」という不安感を働かせます。そして、この感情はメンバー間で共振しあって集団心性としてその波を拡大させていきます。

これは人間の社会的欲求における「存在」に対する懸念であり、「観念の枠」における自尊観念の中にある「尊厳観」が低い人ほど強く反応します。

尊厳観とは、「自分は周りから存在として大切に扱われている」と感じる内的観念です。この観念が弱い人は、それを補おうとして理想との間で「恐怖心」や「不信感」と言ったマイナス的な感情を引き起こします。それが防衛機制という反応行動に表れます。たとえば、「怒り」「攻撃」「現実逃避」「自己正当化」といった反応です。

はじめての場において未知の人たちと接するとき、人間は誰しも状況的自尊観として、この尊厳観が低下する場面に出会います。そのとき、基底的自尊観として内在する尊厳観の低い人ほど過剰反応を起こします。この懸念が解消できないと、人はチームに対してメンバーシップが持てず、それどころか所属する集団に対して恐怖を感じ、不信感を抱きます。

集団自体が初期の段階ではこういった心理を誰もが同様に持ちますから、その集団は相互にハレーションを起こして、チーム全体が「見せかけの行動」をしたり、皮肉や当てこすりを言ったり、猜疑心にまみれた状態になってしまいます。

これを解消するには、お互いが相手を受容して相互信頼できるような仕掛けが必要になってきます。日本ではよく「飲みにケーション」といって、非公式な場でアルコールの力を借りて本音が出し合える場作りを仕掛けたり、運が良ければ情熱的なチームリーダーがいて、そういった存在が全責任を担った保険を効かせた場作りをすることによって打開することもありますが、お互いが相互不信の中で円滑化を促進するには中立的な立場にいる行司役の存在が鍵を握ってきます。

それがファシリテーターです。このファシリテーターの参与的な姿勢が初期のチーム作りを促進させます。

しかし、チーム成長の過程においては「受容の懸念」が低減されてきても、次に「判断材料の懸念」が鎌首をもたげてきます。

（2）判断材料への相互懸念

判断材料とは、チームメンバーの感情の流れであるとか、相互の反応のあり方に対して自分がそれをどのように読み取って判断し、どのような行動をとればチーム内での立場を確立できるか、という行動選択への懸念です。

これを支配するのは自尊観念の中にある優越観です。優越観は「人から認められたい」「馬鹿にされたくない」「尊敬されたい」という地位に関する内的観念です。この観念も尊厳観と同じような作用を人間の感情に起こします

「判断材料の懸念」が解消しないと、人は判断や意思決定ができず、周囲に慇懃なみせかけをしたり、慎重になって優柔不断な行動や無反応で消極的な行動をとり始めます。チーム全体だと、人を嵌《は》めるような騙しを仕掛けたり、物事を歪曲して人に伝えたりして、誰しもが自分に

火の粉が降りかからないように動き始めます。

「判断材料の懸念」が低減し始めると、人は開放的になり自発的になります。また、チームは素直な意見交換をし始めて生産的なやり取りが始まります。

「判断材料の懸念」が低減し始まった頃から浮き彫りになってくるのが、「生産的目的の懸念」です。

（３）生産的目的への相互懸念

これは自尊観念の中にある「自己肯定観」からもたらされます。愉快に仕事や時を過ごしたい、あるいは自分の学習や成長につながるか、という自分の生活動機とチームの目的が適合するかに対しての懸念です。

これが解消しなければ、人はチーム目的に対して無関心になったり、自分の生活動機に適合した目的達成行動をチームで行おうとして、周りとの間に競争状態を生み出したりします。それがチームの葛藤状態となると、人は相互に防衛的になり、時には政治的な操作に走ったり、現実逃避をしたり、猜疑心に満ちあふれた雰囲気に陥ってしまいます。

そして「生産的目的の懸念」が低減してチームの目的と自分の生活動機が適合し始めると、人は積極的で創造的な反応や行動をとり始めます。ここまで来ると、チーム作りの導入は成功した状態になってきます。

ここからはチームの維持活動に関する懸念に近くなりますが、最後に出てくるのが「チーム統制の懸念」です。

(4) チーム統制への相互懸念

これはまさにコラボレーション(協働)に対する懸念です。個人的には「自分の行動がスムースに進んでいくか」ということであり、チームとしては「チームの役割責任が明確になって、お互いの期待が感知し合えて、すべてが有機的に動いて行くかどうか」についての懸念です。

この懸念が低減されると、チームは相互依存関係として望むべく協働状態が実現されますが、これが解消できないとチーム内は駆け引きの状態に陥ったり、敵意が生まれたり、依存・反依存という非生産的な心理状態が醸し出されてきます。

ギブ博士はこういったコラボレーション行動の心理的な形成過程に着目して、チームがその生成期から効果的にワーキングできるように心理的な介入をすることの重要性を主張しました。

そして、その技術としてファシリテーターを活用したチームのプロセス開発手法を提唱しました。それは行動心理学や認知心理学に基づいた徹底した参与的介入技術を駆使した感受性開発の技法で、現在これは「**組織開発**」や「**職場ぐるみ開発**」の中心的な領域を担っています。

◈集団の無意識行動を理解する

ギブ博士は「チーム作りにおける４つの心理的懸念」という理論において、最後の協働としての段階の後に「チームの生産的な状態の維持統制」に向けての懸念として「**依存・反依存**」という集団心性の概念を提唱しました。それを研究したのが同じく行動心理学者のW・R・ヴィヨン博士でした。

ヴィヨン博士は、グループにおける「リーダーとメンバーの関係」に注目してグループ状態の維持を研究した学者です。

彼は論文において、人々が集まると必ずそこにはグループとしての心性が発生する。そして心理的な相互作用の結果、グループは２つの方向に向かう。１つは生産的なタスクグループで、これはグループが1つの課題に向かって艱難を越えて進んでいくときのグループ心性である。それに対して非生産的な「本性的観念によるグループ」というものがあり、これがグループに「今のままでつつがなく続けたい」という原始的な心性を発現させ、それがしばしばタスクグループと相克を起こす、と説明しています。

それは、リーダーとメンバーとの関係の中でおこる「**無意識的（自分たちでコントロールできない）な非生産的状態**」の集団心性です。非生産的行動は以下の3つの行動により観察することができます。

①リーダーに対する依存か、反依存的な行動
②依存する派（マジョリティ）と反依存派（マイノリティ）の分派的な行動
③リーダーに対する闘争か逃走的な行動

依存・反依存とは、心理的安定感を求めてグループが1人、あるいは主だった人に依存的あるいは反依存的になる反応で、たとえば状況に対する不安感などから頼れる救世主を求める行動です。そして、救世主に状況打開を依存する一方で、自分たちの欲求通りの世界を相手に要

求し、その意にならないと反依存して状況を混乱に導く行動です。

依存と反依存とはバランスをとるかのように交互に傾いた状態でいったりきたりして存在します。組織の中でリーダーが十字架に掛けられるのは、メンバー内でこの心性が発動してしまったことによります。

分派的行動は、主集団から2人あるいは2人ずつのグループに分かれていこうとする集団の原始的心性を表していますが、そこには将来に対する希望や期待が含まれています。これは「擁立した救世主が自分たちを救済しない」といった自己認識から、意のあった者同士で共感し合って元のグループから離反した反分子グループを形成する行動です。造反分子がセクトを作るといった現象はこの心性の発動が起きたことによります。

闘争あるいは逃走行動は、グループが外部に敵を想定して、そこから逃げたりそれに対して戦ったりして、自集団を維持しようとする反応です。

過去の歴史において、仮想敵国を作ることによって、国威発揚を仕掛ける国が数多くあります。リーダーが自分を守るため二番手を犠牲にするのも、この心性の働きを利用した行為と言えます。ヴィヨン博士は、元のグループや救世主と想定した相手に戦いを求め、相手を十字架に掛ける行動である、と分析しています。

これら3つの原始的心性からくる行動は、人々が集まると必ず見え隠れしてきます。これらの観念を組み合わせれば、集団でどのようなことが起きやすいかがわかります。

たとえば、依存的集団とは指導者（カリスマ）に保護されたいと願っている集団です。このような状態は独裁者の政権によく見られる兆候と言えます。

リーダーが自グループの凝集性を高めていればいるほど、そのリーダーのスタイルをそのグループは学習し、常態とします。ましてリーダーが敵対状況によりグループを組織化していれば、グループの文化は一定の神格化した盲信的な行動特性を備え出し始めます。

そこに何らかの事情（たとえば人事異動）で別のリーダーが着任した場合、そのグループは前のリーダーの行動を必ず願望します。そして、そのリーダーの行動特性がその期待に応えない場合、事の是非や論理ではなく、集団心性の法則に従って、感情的に十字架行動を起こします。そして、また新たな自分たちの意に叶うリーダーを捜し始めます。これが「無意識に」繰り返されることになります。

中国の毛沢東は、この集団心性を統制するために、必ず2番手を全面に出し、2番手を犠牲者としながらその地位を保ち続けた、と言われています。それを理解していた周恩来は万難を排して3番手に留まり、絶対に2番手にならないように腐心したそうです。

ギブ博士の言う4番目の懸念である「統制」における未解消状態での依存・反依存は、このような状態として出現して来ます（図表51）。

◈ファシリテーターのためのトレーニング

チーム作りとは、コラボレーションに向けてグループの作業手続きや対人関係、そしてチームリーダーがチームメンバーとの関わり合いにおいて、果たす役割の効果性を上げる取り組みです。

それには以下のことを組み立てていかなければなりません。

■ 図表51　集団懸念の４段階

根源的な懸念	派生的な懸念	懸念が解消されていないときの反応	懸念が解消されているときの反応	チームとしての所作
チームメンバーに受容されているか否か	• メンバーシップは発揮できるか	• 恐怖心 • 不信感	• 開放 • 信頼	• 支持的風土 • 信頼の風土
メンバーの感情の流れを知覚できるか否か	• チーム内で有効な意思決定や行動選択ができるか	• いんぎんな態度（無反応行動） • 慎重な態度（消極行動）	• 自発的態度 • 頻繁なフィードバック • 介入	• 現実的なコミュニケーション • 機能的なフィードバック
目標に向けての動機づけはなされるか否か	• 生産性に向けて前向きに取り組めるか	• 無関心な態度 • 競争的（闘争的）な態度	• 創造的行動 • 前進的行動	• 目標の統合 • 高い柔軟性 • チーム創造性
メンバー間の統制や調整は効くか否か	• 組織的に動けるか • 段取りよく動けるか	• 依存的態度と反依存的態度が交互に混ざる	• 相互依存（協力的）行動 • 役割の認識と援助的行動	• 相互依存 • 参画的行動

まずは課題過程の処理として、以下の３つがあります。

▼組織化

グループが課題達成に向けて全員一緒にやるか、あるいは作業を部分的に分担してするか。また チームリーダーが積極的に関わるか否か。

▼意思決定

投票で決定するか、合意形成によって意見一致を見出すか、チームリーダーは最終決定を自分の専権とするか、あるいはチーム決定に委ねるか、どの方法が効果的なんだろうか。

▼議事進行と作業手続き

会議は情報伝達を基軸に組むか、それとも決定を基軸に組むか。会議に中で今後の活動も計画するか。そうであるならば、それぞれの活動段階においてメンバー各位が担う責任を明確にする準備はできているか。会議実施において、そのときの目的達成にチームはどれくらいの時間をかけるべきか。そして充分な時間配分はされているか。問題解決に無関係な討議に時間を浪費していないか。

また、チーム作りは、メンバー間の関係が課題達成に及ぼす影響にも配慮する必要があります。チームリーダーを筆頭として、チームメンバー全員がチームメンバー間の関係がどのような影響を及ぼしているかを検討しながら、その関係が良好に作用し、**メンバーが開放的に討議するのを励ますような集団規範を作る必要**があります。

チーム作りの主要な部分として、チームがその内部葛藤をどのように処理するかがあります。討議で起きる意見の相異を、効果的意思決定の障害というよりも、促進として取り扱い、合意形成を得ようとするチームは、反対を無視したり、多数決に頼るチームよりも質の高い意思決定をします。

こういったチーム内に発生する内部葛藤や人間関係のあり方をチームスタート時から効果的な状態に導くのがチームリーダーの仕事です。

ギブ博士が言うように、**チームは創設時点においてまず心理的な懸念を生み出します**。人は論理よりも感情に反応します。感情は感情的波長を通して周囲に伝播します。そしてメンバー相互の波長が交錯して揺れを増幅させていきます。

また、こういった葛藤的な揺れは、進行上段階的にも変則的にも随時に発生してきます。**チームが生産的な状態に維持されるか否かは、そのときそのときでマイナス的な波長をどのように統制するかが大きな決め手となります**。その制御を率先的に担うのがチームリーダーの仕事になります。

これを円滑に行うには、チームリーダーのファシリテーション技術ではなく、**メンバーに対するチームリーダーの心のあり様**が大きく作用します。感情は感情的に共振しますから、それを制御するには、その波長を吸収する感受性が要求されます。そして、ときにはプラスの波長を仕掛けてメンバーを動機づける感情的エネルギーが求められます。

これはいくら論理的な観点で啓発をしようとしても不可能な領域です。自分の感情のあり様を知り、人の感情を関知しながら上手に感情を発露させて人や集団を良好な関係にしていく能力は、体感的な自己啓発が必要になります。

◈プロセスを学習するTグループとは

チームにおける感情的心理的動きのあり様を、自らも被験者として体感しながら自己啓発していく方法に**Tグループ（トレーニング・グループ）**や**ラボラトリー・トレーニング**、そして**感受性訓練**という方法があります。

Tグループは「今ここでの人間関係」に気づき、自分のことやグループのことを学ぶセッションです。

その焦点は、対人関係の効果性の増大と、グループの中で自ら新しい試みを行うことによって、感情を経験することや、経験を概念化し、理解し得ることを通して個人的な成長と創造性を開発するプログラムです。

Tグループにおいては参加するグループのグループダイナミックスに焦点をおいて、グループの対人関係的な成長を通して個人の成長を体感的に学習します。

一方、ラボラトリー・トレーニングは、プログラムもテーマもない独特なグループの中での自由な話し合いを通して、他人の感情や欲求を感じ取ったり、自分の言動が他人に及ぼす影響を感じ取ったり、他人の目を通して自己を洞察したりすることを体験的に学習します。

ラボラトリー・トレーニングは感受性訓練の基礎となったトレーニングです。現在では、感受性訓練が人間関係に焦点をおいて行われるのに対して、ラボラトリー・トレーニングはＴグループ以上にグループダイナミックスに焦点をおいて、リーダーシップの開発や組織開発を主眼として行われるのが一般的です。

感受性訓練は、１９４７年に行われたアメリカの全米教育協会の実験セミナーの中からレヴィン博士の「場の理論」を背景に生まれてきたものです。人間行動の知的な理解でなく、集団の相互作用を通じて対人的共感性を高めていく体験的学習の技法をいいます。

具体的に言えば、自己の感情が他人に与える影響や、他人との交流のしかたなどを、体験を通じて肌で学び取っていくプログラムです。このプログラムは組織開発の技法として位置づけられることもありますが、独立した技法としても十分活用が可能です。直接的フィードバックだけで研修が進められる特殊な研修です。

Ｔグループに代表される、「集団におけるプロセス」を扱う研修やワークショップは、１９５０年代にアメリカで始まり、瞬く間に産業組織に受け入れられました。

日本でも１９７０年代から１９８０年代にかけては、かなりの企業がその講座に管理者を派遺したという歴史があります。１９９０年代から一旦下火になりましたが、最近は多様性の中でのマネジメントを効果的に実践するために、「感情への気づきや扱い」を高める「ヒューマンスキル研修」や、「組織リーダーとしてのスタンスを再学習する研修」として改めて注目されつつあります。

◈「組織開発」手法を活用する

１９７０年代に「**ゲシュタルト心理学**」という心理学の概念に支持されて、「**組織開発**」という理論と手法が研究され、企業を始めとする各種組織体に導入され始めました。

ゲシュタルト心理学は、個人と集団との関わりを「個人の総和が集団の個性そのものになるのではなく、独自の集団そのものの個性が形成され、それが属する個人の行動を規制する」と説いています。この考えが従来の集団開発のあり方を一新することになりました。

意外なことですが、現代においても「組織の最小単位は個人である。したがって、個々人を変えれば次第に組織は変わる。そして組織における問題解決も同様に、個人で思考し、それを集団に伝達すれば解決に導かれる」という仮説を持っている人は実に多くいます。

事実、日本の企業や団体を訪問した場合、個人を教育したり、開発したりする責任部署はどこにもありますが、集団を開発する部署や管轄担当を目にすることはほとんどありません。また、米国の大学や企業においては必ず「組織開発」という内容が学習課目に入っていますが、日本ではどこにおいても組み込まれていません。これは米国びいきの日本のマネジメント観においてはとても不思議な話です。

しかし、組織開発の理論においては、ゲシュタルト心理学を元に「**集団の中の個人は、自身が関係する集団の圧力と影響を受ける存在であり、組織の最小単位は個々人ではなく、個々人が対面する小集団である**」と個人と集団との関係を捉えて、チーム学習的な思考そのものの開発、組織においては対面小集団としての「**職場ぐるみの開発**」の重要性を訴えています。

たとえば、アメリカのエドウィン・フライシュマンはその著書『フライシュマン・スタディ・レポート』において、彼自身によるインターナショナル・ハーベスト社のフォアマン対象の効果測定の結果より、個人を対象とした教育効果とそこから導かれる組織における問題解決の限界について指摘をしています。

それは、「多くの管理者は、今現場で実際に自分が管理されている手法で部下を管理しようと反応するので、少数の人がこれまでと違った手法を導入しようとしても、現場の大勢が持つ現状維持に向けての集団規範的抵抗にあって実施は非常に困難を来す結果となった。人材教育は、個人の変革には役立つが集団の変革にはつながらない」という内容の報告でした。

このことは、「**組織の最小単位は個人ではなく、対面する職場集団である**」ということを物語っています。

また、フライシュマンは彼の実験結果から、「集団内の対人間が、葛藤摩擦を隠さないで、個人の思いや考えを率直に表出できるときだけ、その集団活動は協調的、建設的な状態になれる。また集団に属するメンバーの自己の主張や感情の表出が集団内で許容されているほど、彼らの仕事は自由になり充実してくる」と言い、「チーム開発が求める内容」として「協働状態」について提言をしています。

フライシュマンは、最後に「だからこそ、組織における問題解決では、問題解決という論理的目的と同等なくらいに問題解決に取り組むチームのあり方や行動様式といった心理的プロセスに価値の比重を置かなければならない」と締め括っています。

組織が対面関係による少人数のチームの集合体であり、組織開発が組織に潜む内的な活力を引き出すさまざまな働きかけであるならば、組織における問題解決は、まずチーム単位での小集団活動を円滑化する、言い換えれば協働（コラボレーション）の体質作りから始めることが重要な鍵となります。

さて第4章は、問題解決をしていく際に必ず関係してくる「**集団**」に焦点を当て学習してきました。組織での問題解決や意思決定は、ほとんどが「集団」という単位でなされます。問題解決の質を上げるために、**「集団」という単位を生産的で効果的なものにしていく必要性へ**の理解が深まれば幸いです。

第5章

問題解決のセンスをみがく

1

知覚（センス）とは何か

問題解決は、問題へのアプローチにおいてまず技術的な取り組み面での良し悪しで結果が大きく変わってきます。しかし、より内的な問題解決の思考の仕方や問題への目のつけ所での良し悪しも大きな影響を与えます。さらには、問題へ取り組む体制も実践としての成果を左右します。**問題解決の是非はセンスが決め手となります**。

◈ 会社をダメにしたのは誰？

以前、民事再生直前にまで追い込まれた中堅上場企業の組織開発に関わったことがあります。その際、財務的な処理が落ち着いた段階で、今後同じ轍《てつ》を踏まないように未来委員会を設立し、再生企業としての未来ビジョンを創ることになりました。

そこで、私は第1回目の会合のテーマを「なぜ、こういう事態に陥ってしまったのか」という内容にしました。彼らが今回の一件を当事者としてしっかりと認識しない限り、また同じ事態を引き起こすと推察したからでした。

委員会メンバーの認識は、「経営者が小売店にずさんな貸し付けをして、その焦げ付きが主因である」というものでした。彼らは会社破綻の原因を、「創業者である社長の独断による事業運営の失敗であり、現場の自分たちは一生懸命頑張っていたのだから責任はない」という捉え方をしていました。しかし、私はそうは見ていませんでした。

「確かに直接的な主因は社長であるが、では、なぜ社長はそういう行動をとったのであろうか」。取引先などを調査すると、競合企業はシステムを導入して最新の情報を提供したり、迅速な配送を行い、しかもコストダウンにも成功していました。

にもかかわらず、この会社では幹部は従来の問屋の観念から抜け出せず、現場の社員も商品情報の勉強をせずに徒手空拳の御用聞き営業に明け暮れていました。そのため、有力な小売店はどんどん去り、この企業に頼らざるを得ない弱小小売店や、この企業の弱みにつけ込む歪んだ小売店がしがみついたり、たかったりしている状態になっていたのです。

社員は商社としての基本的な勉強もしていませんから、与信管理能力もありません。まさに小売店からすれば便利屋と見なされていたのです。そのような小売店ですから、小売店間競争の中でじり貧になり、利益幅が苦しくなっていく一方の状態でした。当然、そのような小売店と取り引きしていては企業側も利益が出るわけがありません。徐々に苦しくなっていくばかりで、この会社が斜陽になるのは必然でした。

では、なぜ、この企業は儲かっている小売店との取り引きにシフトできなかったのでしょうか。御用聞きの力しかない、そして保守的な現場に力のある小売店との交渉力があるわけもありません。むしろ、従来の取引先からすらも取り引きが切れかねない中で、この社長は過去に蓄積した資産を自ら活用して小売店の引き留め策を講じていたのです。あまりに痛々しい出来事でした。そして、社員は自分たちの日常行動がこの事態を招いたということを、幹部からして認識していないのです。経営者の孤独を実感させる物語です。

そこで、私は未来委員会のメンバーに、「この会社を潰しかけたのは貴方たちの問題であり、貴方たちの責任でもある」と言い放ちました。メンバーは一様に驚いた顔をすると同時に、苦々しい顔をしました。「自分たちも被害者である」と思っているのだから当然のことでしょう。後でメンバーから聞いた話ですが、委員会終了後、帰りの新幹線の中で「ふざけるな」と気勢を上げていたそうです。

さて、問題を問題として捉えるセンスは、「保有している情報の質と量」と「経験的に学習した着眼力」のかけ算で成り立ちます。

問題解決のセンス＝「保有している情報の質と量」×「経験的に学習した着眼力」

まずは「**保有している情報**」です。これには他分野に渡る知見の幅広さと、素の情報を加工した知識の豊かさの２つの面があります。

今回、問題解決のセンスということで、問題解決にアプローチするための加工技術の多様なあり方を紹介しましたが、この会社の再生には、より実践的な経営学の技術を彼らに提供しました。

まず、会計学の技術を知見として提供し、与信管理に関する知識を高めました。ここにおいて委員会のメンバーは、「いかに自分たちが危ない小売店とつき合っていたか」を悟ることになりました。また、マーケティングの技術によって、これからの商社のあり方や小売店とのつき合い方を考えてもらいました。これによって彼らは、「いかに自分たちが儲からない営業をしてによって問題解決への正しい向き合い方を学習していったのです。

会合を重ねるにつれて、メンバーの顔つきが変わっていったことが今でも思い起こされます。委員会の最後に、メンバーは異口同音に「確かに会社を潰しかけたのは自分たちでもある」と述懐していました。

さて、センスには「**経験的に学習した着眼力**」という本質的な領域があります。経験には「観念の枠」が大きく作用します。年を取れば取るほど、立場が上になればなるほど、自分自身でよほど勇気を持たなければ、「観念の枠」は広がったり、変わったりしません。むしろ、これまでの「観念の枠」にしがみつこうとします。人間は「自己保存」という本能に則って、常に自分を正当化しようとする存在です。この思いは経年するごとにらせん的に倍加していきます。

この会社でも、幹部クラスになればなるほど、自分の「観念の枠」から抜け出すことができず、またそれにしがみつくことで自分の立場を守ろうと動いています。そのため、せっかく外部からの支援で再生させてもらったにもかかわらず、徐々にじり貧状態になり、再生の努力も水泡に帰そうとしています。

◈問題解決は技術《スキル》よりセンス

たしかに、スキルといわれる技術の向上は、問題解決にとって重要な要素です。しかし、技術の向上は従来の延長戦的な強化に過ぎません。**1つのやり方に固執する思考は「熟練された無能力者」を生み出す危険性を伴います**。時代が変わって、要求する問題が変わったり、置かれた状況が変わったりしたときに身動きがとれなくなります。会社レベルで見れば、破綻を招くことにつながります。

あるとき、有名な自動車メーカーの常務が、「我が社の人材における問題は、高度成長時代の品質管理技法に染まった管理職クラスをどう扱うかにある。彼らは今の問題解決を扱う能力がなく、従来のやり方に固執し、かえって足を引っ張ってばかりいる」と言っていました。

確かに理屈としての実態はそうだと思います。しかし、過去にそういう場当たり的な人財育成を行った経営者が口にすることではありません。しかし、日本では、こういった問題解決に対するセンスを会社のコア・コンピタンスとして戦略的にしっかりと内在していない会社が多いのが現状のようです。それは上場企業でも同様と言えます。

ともかく、**問題解決を効果的に行うには、問題解決の技術以上に、問題の本質を見極めるセンスが重要である**ことだけは確かです。そして、**その中でも最も核となるのは、「観念の枠」が持つ力と影響です**。「観念の枠」が狭かったり、堅かったりすると、どんなに問題解決に対してアプローチする情報や知識の幅が広くても、そこに関心が行かず、問題解決は一辺倒のアプローチに陥り、解決の精度は低迷した状態に陥ります。

それにもかかわらず、これまでこの点を重視して紹介する文献はありませんでした。これも日本において、「従来の延長での問題解決さえしていれば企業成長がなしえた」という社会情勢がもたらした「観念の枠」によって、変化する環境の中では問題状況は多様になり、そういう状況の中では問題や解決のあり方をまず選択するセンスや着眼力が重要になるということへの認識をおろそかにさせてしまったことが「抜け漏れ」を形成してしまったと考えられます。

2 スキルだけではなく、センスをみがく

経営活動には決められた目標を達成するための「**手段の論理**」と、目標そのものを形成する「**模索**」の論理があります。

手段の場合は、明確な目的に向けて問題解決を合理的に行えば事足りますから、求められるのは一定の問題解決の技術であり、手法です。

一方、模索の場合は目的そのものを設定したり創造したりする問題ですから、問題解決のアプローチも多様で、それこそアプローチの仕方をさまざまに模索する必要が出てきます。そのためには、的確に問題を特定する知覚（センス）が求められます。そして、**問題解決というのは手段の論理も模索の論理もすべてを包括するのが本来の姿**です。

これまでの日本の経営環境は、「手段の論理」さえ理解していれば、問題解決の方も充分なしえる状況でした。そのため、ほとんどの企業や組織においては、問題解決の技術に傾斜した取

り組みに終始しており、ここでいう問題解決センスの開発には手をつけていない状況でした。

現在の経営環境を見渡す限り、**これからの問題解決には、人間の観念や感情に関する知覚（センス）を学習することが必須になってきます**。そして、それはいくら座学的に知識学習だけをしても体得できるものではありません。

前述したとおり、センスは「保有している情報の質と量」と「経験的に学習した着眼力」のかけ算で成り立ちますが、特に「経験的に学習した着眼力」は言葉にし切れない暗黙知が含まれる領域です。言葉にし切れない領域の学習は、五感的に体感することから身につけることが求められます。

ハーバード大学の故ゴードン・リピッド博士は、人間の行動変容の困難度として、４つの段階を紹介しています。

①知的レベル……簡単、積み上げていく
②技術レベル……ちょっと難しい、繰り返し学習
③関心レベル……難しい、情報への接触を増やす、アンテナを張る

④価値観レベル……かなり難しい、捨てる／変容の努力が要る

確かに「知らない」レベルならば教えれば良いわけですから、変容は容易です。また「できない」レベルも何度か繰り返して学習すれば変容はなしえます。「保有している情報の質と量」はこの段階の領域と言えます。

しかし、たとえ知識として知っていても、また、できる技術を持っていたとしても、そこに関心がなかったり、先入観のような固定した観念が無意識に働いていたりすると、着眼やアプローチの前提にずれが生じていてもそれに気づかず、論理の流れが本質から大きくかけ離れていくことがあります。「経験的に学習した着眼力」はまさにこの領域になります。

問題解決という一連のプロセスは論理ですが、問題解決の論理は問題を構成する要素において多元的に存在します。にもかかわらず、現実では経験に縛られた固定観念によって一元的に捉えてアプローチし、問題解決をかえって複雑なものにしてしまう人が後を絶ちません。そして、このことは、これまでの教育のあり方が拍車を掛けていることも否めないことと言えます。

今、自分が取り組もうとしている問題がどういう特性の問題で、またその問題への効果的なアプローチはどういう論理の組み立て方をすれば良いかということを見出すのは、論理を展開する技術、いわゆるスキルではなく着眼という「観念の枠」に根ざすセンスの問題です。

観念という世界は、過去の成功体験や長年擦り込まれた慣れからもたらされる一種の癖であり、感情的には快楽的な世界を内在しますから、一朝一夕に変容できる存在ではありません。

巷ではよく思考の話として「**ゼロベース思考**」という言葉が使われます。しかし、常に全体像を俯瞰しながら虚心に物事を判断するには、思考よりも奥深いところで無意識的に心に作用する観念が中立的でなければなりません。

ですから、「ゼロベース思考」をしようと思うのならば、まず自分の観念自体を無の状態にしなければなりません。それには、**自分自身のものの見方や嗜好性を内観的に認識し、日常では気づいていない自分の観念の偏りや癖を把握するところから始める必要があります**。

その上で、世の中にある多様なものの見方や論理展開のあり方の全体像を、あたかも地図を俯瞰するように理解しておかなければ、「センス」と言われる感覚は発揮されません。

「センスをみがく」ということと、「技術を高める」ということは、次元が異なる話です。センスをみがくには、センスをみがくための学習が必要です。

それにはまず、「保有している情報の質と量」を高めることです。問題のタイプを知り、解決策のタイプを知り、思考法のタイプを知ることから、対峙する問題解決の実像を的確に浮き彫りにして、精度の高いアプローチをするセンスの「種」を習得することが大切です。

そして、自分の「観念の枠」を知り、問題解決に対する自分の癖を見極めて、アプローチに対する自分なりのゼロベースを作り上げることがセンスを確かなものにします。

最近、企業や組織においてこの「ゼロベース作り」に大きな関心が寄せられ、「**レジリエンス**」という考え方に注目が集まっています。また、その開発手段として「**マインドフルネス**」や、より深いアプローチとして「**禅（ZEN）**」という世界への取り組みが始められています。

あとがき

　私が大学を卒業して入ったコンサルティング会社は、一般に知られているような「戦略」や「財務・会計」「情報システム」「業務プロセス」などを中心に扱う論理学一辺倒の会社ではなく、「人」「集団」「組織」の行動科学を中心に扱う会社でした。元々理科系だったということもあり、当初イメージしていた「コンサルタント」と、その会社の「コンサルタント」のギャップに多少面喰いましたが、だんだんと企業における「人」の側面の重要性とその面白さがわかってきました。

　その後独立して２００９年２月にＪｏｙＢｉｚコンサルティングという会社を設立してから、６年が過ぎました。最初はたった２人で始めましたが、今では一緒にやっていく仲間も増えました。

　この間、挙げたら切りがないほど多くの人にお世話になりました。設立に当たって様々な面から協力してくださったクライアント企業もありました。設立されたばかりの無名の会社に仕事を依頼してくださったたくさんのお客様、我々と共に仕事をしてくださる異業種を含めたパートナーの方々、個人的におつきあいをさせていただいている先輩諸氏、そして、もちろんＪｏｙＢｉｚコンサルティングの仲間たち。

今回、私にとって初めての書籍執筆になるのですが、こういった方々の支援や共同の数多くの経験がなければ、この本は生まれませんでした。

「コンサルタントは〝虚業〟であってはならない。人の役に立つ〝実業〟でなければ意味がない。したがって、知識をいくら持っていても、会社が（いい方向に）動かなければ価値がない」という想いで、ここまで仕事をしてきたつもりです。

実際の成果を出そう、アウトプットを出そうとすればするほど、本書の中に書いてある「問題解決の盲点」を乗り越えなければならないということは、私が身をもって実感しているところです。本書では、限られた紙面ではありますが、そこで得たノウハウの一端を、日々職場で様々な問題に直面されている皆様にご紹介させていただきました。お役に立てていただけたら、大変うれしく思います。

今回、短期間での出版でしたが、対応していただいた田所陽一氏をはじめとした総合法令出版の方々にも感謝いたします。そして、本書発刊の段取りをしてくれたり、執筆協力をしてくれたＪｏｙＢｉｚコンサルティングの吉屋隆氏、そして、執筆協力・校正のみならず、いくつもの意見・アイデアをいただいた波多江嘉之氏にも感謝いたします。特に波多江氏の意見交換や議論がなければ、本書がこの形で出版されることはなかったと思います。また、その他、さまざまな場面で協力してくれたＪｏｙＢｉｚコンサルティングの社員一同にも感謝します。

２０１５年４月２日

ＪｏｙＢｉｚコンサルティング株式会社　恩田　勲

【著者紹介】

恩田 勲（おんだ・いさお）

JoyBiz コンサルティング株式会社　代表取締役社長
1957年生まれ。大学卒業後、国内大手の組織開発コンサルタント会社にて企画営業職及び営業責任職を経て、コンサルタントとして活動。「虚業として研修を行う」のではなく、「実業としてお客様の会社が変わる」ために、何が必要なのかを考えながら、クライアントの業界やビジネス、またその組織と働く人たちの中に入り込むような仕事を数多く行う。サラリーマンとしてのコンサルタントを25年経験した後、その限界を見定めて、そもそもの志をより確かなものとして実現させるべく、2009年JoyBizコンサルティング株式会社を設立。現在は、クライアント企業のトップ・幹部へのコンサルテーションを中心に、組織開発（OD）、人材開発の仕事を行っている。「コンサルタントは、クライアントのビジネスに関する実践的な領域に詳しいのは当然だが、学者とは異なり、実際にクライアントの組織が機動し効果的に変わっていくために、『人』『集団（チーム）』に関しても現場のリアルな造詣を深め、一社一社顔の違うクライアントに適したアプローチをしていく使命がある」という考え方で仕事に取り組んでいる。本書は、その実践経験のベースにあるノウハウの一端を紹介した本と言える。

JoyBiz コンサルティング株式会社

2009年2月設立。お客様の会社とそこで働く人たちが、至高の歓喜（Joy）を持ったビジネス状態を実現する（Biz）会社にしていくエンジニアリングがしたいという思いで活動している。主に、「人」と「集団（チーム）」の開発を中心としたコンサルテーションや研修を行っている。特に「レジリエンス（胆力）」や「職場ぐるみ」の開発を軸に、「人」と「集団」が行動レベルで活性され、自ら俊敏に動けるための組織づくりの支援を行っている。

〈お問い合わせ先〉
〒150-0002　東京都渋谷区渋谷3-11-7 第2ミネギシビル
TEL：03-6427-5395　FAX：03-6427-5396
URL：http://www.joy-biz.com
e-mail：info@joy-biz.com

イノベーションを起こすために
問題解決のセンスをみがく本

2015年5月3日　初版発行

著　者　恩田 勲
発行者　野村直克
発行所　総合法令出版株式会社
〒103-0001 東京都中央区日本橋小伝馬町15-18
常和小伝馬町ビル9階
電話 03-5623-5121（代）

印刷・製本　中央精版印刷株式会社

落丁・乱丁本はお取替えいたします。

ISBN 978-4-86280-446-4
総合法令出版ホームページ　http://www.horei.com/